墨香财经学术文库
"十二五"辽宁省重点图书出版规划项目

住房价格对我国城镇居民消费作用机理研究

理论和实证分析

Study on the Mechanism of the Role of Housing Prices on the Consumption of Urban Residents in China

Theoretical and Empirical Analysis

丛颖 著

东北财经大学出版社 大连
Dongbei University of Finance & Economics Press

图书在版编目（CIP）数据

住房价格对我国城镇居民消费作用机理研究：理论和实证分析 / 丛颖著. —大连：东北财经大学出版社，2023.4
（墨香财经学术文库）
ISBN 978-7-5654-4421-0

Ⅰ. 住… Ⅱ. 丛… Ⅲ. 房价-影响-城镇-居民消费-研究-中国 Ⅳ. F126.1

中国版本图书馆CIP数据核字（2022）第002445号

东北财经大学出版社出版发行
大连市黑石礁尖山街217号 邮政编码 116025
网 址：http：//www.dufep.cn
读者信箱：dufep @ dufe.edu.cn
大连永盛印业有限公司印刷

幅面尺寸：170mm×240mm 字数：140千字 印张：9.5 插页：1
2023年4月第1版 2023年4月第1次印刷
责任编辑：时 博 赵 楠 责任校对：贺 力
徐 群 孟 鑫
封面设计：原 皓 版式设计：原 皓
定价：52.00元

教学支持 售后服务 联系电话：（0411）84710309

如有印装质量问题，请联系营销部：（0411）84710711

前言

消费（尤其是居民消费）是拉动我国经济增长的重要驱动力量之一，根据宏观经济学理论，消费、投资和出口是研究经济增长和波动的重要变量，也是我国社会总需求的重要组成部分。近年来，我国经济增长主要依靠投资拉动，消费增长滞后于经济增长，随着我国人口红利的消失，这种长期依赖投资拉动的经济增长模式是不可持续的，而提高居民消费增长率、扩大内需将成为我国经济未来可持续增长的重要途径。自1998年我国住房供应体系开始实行货币化以来，我国住房价格持续上涨，住房作为家庭资产中重要的组成部分，其升值带来的财富变化对居民消费有着至关重要的影响，如何解决我国住房价格持续上涨而居民消费率不断下降的矛盾，对于促进我国国民经济持续稳定增长具有重要意义。

住房价格波动与居民消费的关系近年来受到国内外学者的广泛关注。我国住房价格持续升高而居民消费率不断下降可能的原因有哪些？如何建立住房价格对居民消费作用传导的理论框架？住房价格的不断上涨是否是我国居民消费率下降的主要原因？如何定量分析我国住房价格的波动对居民消费产生的影响？根据实证研究的结果，解决我国住房消费率偏低住房价格偏高问题应采取哪些措施？这些问题的解决构成了本书的主线。本书将在国内外学者研究成果的基础上，总结我国住房价格和居民消费的发展现状，分析我国住房价格高而消费率低的原因，并在此基础上建立住房价格和居民消费的传导机制，重点从宏观和微观两个视角实证研究住房价格对我国城市居民消费的作用机理，研究结果对政府调控房地产市场具有一定参考意义。

本书的主要结论包括以下几点：

（1）从全国层面实证分析住房价格对居民消费的影响。基于生命周期的基本理论模型，依次加入预期、文化的因素进行研究，回归结果显示预期因素和文化因素会使住房价格对居民消费作用模型的解释能力变强。

（2）通过信贷约束、不同年龄和不同收入水平的财富效应视角，研究了住房价格对我国居民消费的影响机理，实证结果显示：首先，在货币政策约束下，住房价格对居民消费呈现微弱的挤入效应，住房价格的提高会促进居民家庭的消费。其次，从全国和区域层面来看，人口变动和老龄化对房地产价格和居民消费的影响不显著。最后，从收入差距视角考察住房价格对居民消费的影响。房地产价格升高对低、较低和中等偏下收入水平家庭的居民消费的影响不显著，随着收入提高，住房价格对居民消费的敏感程度也会提高。

（3）从微观视角研究住房价格对居民消费的影响，从租买选择、不同收入层次及不同年龄层次视角分别考察了租赁住房家庭、仅有一套住房家庭和拥有两套及以上住房家庭的住房价格-消费关系。在控制了教育水平、年龄等人口特征因素的基础上得到如下结论：对于租赁住房家庭来说，随着收入水平的增加，住房价格对居民消费的影响由挤入效应转为挤出效应。对于仅拥有一套住房的居民家庭而言，随着收入水平和年龄的增加，考虑到代际遗传、预防性储蓄、改善性需求等原因，住房价格的提高会减少这类居民家庭的消费。对于拥有两套及以上住房的居民家庭来说，随着收入水平和年龄的增加，住房价格对居民家庭的消费有微弱的促进作用，但并不明显。

本书采用文献分析法、规范研究和实证相结合的方法以及比较研究法，从宏观和微观两个层面研究我国住房价格对居民消费影响的内在作用机理，确保了结论的全面性、准确性和有效性。

本书的创新点主要包括以下方面：

（1）揭示了住房价格变动对居民消费影响的传导途径，在宏观层面的实证分析中，利用VECM模型和GMM广义矩估计面板模型估计了住房价格对于居民消费的影响，改进了过去实证研究中采用静态回归或准静态回归的方法，从长期和动态趋势论证住房价格对居民消费的影响。

（2）微观实证分析方面，从租买选择视角研究住房价格和居民消费的关系，揭示了住房价格波动与居民消费的关系。

本书的局限性主要包括以下方面：

（1）实证研究的过程中，从宏观和微观两个层面建立了我国住房价格对消费的作用机制，运用的模型是基于生命周期理论的消费模型，但在原有的模型中，收入应该采用一生的持久收入在生命周期中进行平滑，而不应该是人均可支配收入，但由于持久收入难以计量，所以所有收入变量采用人均可支配收入代替，这会产生一定的偏误。

（2）受调研数据限制，不能从时序的变化和动态角度深入研究住房价格波动与居民消费行为结构性的变化和差异。

本书的出版得到教育部人文社会科学研究青年基金项目资助（项目批准号：16YJC790011），在此深表谢意。

从　颖

2023年2月

目录

1 绪论

1.1 研究的背景、目的及意义

在宏观经济学理论中，消费、投资和出口是经济增长和波动的重要变量，这些变量也是我国社会总需求的重要组成部分。近年来，我国消费率持续走低，消费（特别是居民消费）增长长期滞后于经济增长。与此同时，近年来我国住房价格逐年升高，住房资产作为家庭资产中最重要的组成部分，其带来的财富变化与居民消费关系紧密。如何解决当前我国消费率低而住房价格持续升高这一矛盾对于促进我国国民经济持续稳定增长具有重要意义。住房价格波动与居民消费的关系近年来受到国内外学者的广泛关注，本书将在前人研究成果的基础上，总结我国住房价格和居民消费的发展现状，分析我国住房价格高但消费率低的原因，并在此基础上提出住房价格对居民消费影响的传导机理和路径，从宏观和微观两个视角对住房价格和我国城镇居民消费的关系进行实证分析。本书的研究结果对政府合理制定调控住房市场政策，寻求提高我国居民消费率的途径具有一定参考意义。

1.1.1 研究的背景

（1）我国经济结构的转型过程中，过去长期依赖投资拉动经济增长的模式已不可持续

改革开放以来，我国经济始终保持快速稳定增长。统计数据显示，我国全社会固定资产投资占GDP的比重呈逐年上升趋势，由1980年的20.03%增加到2018年的71.71%[①]，其中房地产投资占GDP的比重由1995年的2.88%上升到2018年的10.36%。与此同时，我国最终消费支出对GDP增长贡献率及我国人均年居民消费水平占人均GDP的比重在波动中整体呈下降趋势，我国最终消费支出对GDP增长的贡献率由1980年的71.8%下降到2018年的55%，我国人均居民消费水平占人均GDP的比重由1978年的48.26%下降到2018年的37.3%。我国经济过度依赖投资拉动经济增长的发展模式付出了很大代价，如产能过剩、产业不协调等。随着我国人口红利的消失，过去这种长期依赖投资拉动的经济增长模式是不可持续的，而提高居民消费的增长水平、扩大内需将成为我国经济可持续发展的重要途径，也是促进我国经济结构转型和未来我国经济改革的重要方向。

（2）住房资产已成为家庭资产中最重要的组成部分

住房作为人类生存的基本保障，在实际生活中与教育、就业、公共服务等资源有非常紧密的联系，住房市场的健康发展关系到我国国民经济的发展和社会的稳定。随着住房市场的改革和居民居住环境条件的改善，家庭中的住房资产占家庭总资产的比重呈逐年上升趋势。国家统计局的数据显示，2002年房产在家庭财产中的占比为47.9%，2018年这一数据已高达77.7%[②]，住房已成为家庭资产中最重要的组成部分。

（3）居民低消费率和住房价格不断上涨矛盾凸显

1998年，我国开始逐步实行货币化的住房分配政策，住房市场的快速发展使得我国居民生活水平得到很大改善，我国城镇人均住房面积

① 数据来源于国家统计局网站，经计算整理得到。
② 作者根据相关资料整理。

由1998年的18.7平方米提高到2019年的39.8平方米[①]。住房价格波动是房地产市场发展变化的指标，通常能够反映住房市场的变化规律。1998—2020年我国住房平均价格持续上涨，全国商品住宅平均价格由1998年的1 854元/平方米上涨为2020年的9 860元/平方米。同期一线城市如北京市住宅商品房销售价格由4 787元/平方米上涨至37 665.3元/平方米。2005—2007年，北京市住宅商品房销售均价翻了一番，年增长率分别为29.8%、19.7%、44.6%。其他城市住房价格上涨同样迅猛，2002—2012年杭州市、济南市、银川市、西宁市住宅商品房均价累计涨幅分别达到276.8%、221.59%、126.95%、149.07%。[②] 2008年，受美国次贷危机的影响，我国个别城市住宅商品房价格和销售面积有所回落，如深圳市住宅商品房销售平均价格由2007年的13 369.13元/平方米下降到2008年的12 823元/平方米，同期住宅商品房销售面积由500.35万平方米下降到413.65万平方米。2007—2008年，上海市住宅商品房销售面积由3 279.17万平方米下降到2 007.48万平方米，同期住宅商品房平均销售价格由8 253元/平方米下降到8 115元/平方米。2009年，国家出台了一系列救市措施，很多城市的房价开始上涨，同期上海市住宅商品房平均销售价格为12 364元/平方米，较2008年上涨52.36%。近年来，保持我国住宅商品房价格的稳定已成为政府调控的重要工作内容。

住房价格持续上升的同时，与之对应的我国居民消费率却在不断下降。1998年，我国居民消费率[③]为47.2%；2019年，我国居民消费率为39.08%，且总体呈逐年下降趋势。1998—2019年，我国居民人均可支配收入的年增长率保持在5.8%~13.3%，居民消费率不断下降而住宅商品房的平均销售价格增长率不断上升，这有悖于传统的经济学原理。如何缓解我国住房价格持续上涨和我国居民消费率下降之间的矛盾是急需解决的问题。

（4）住房价格对居民消费作用的研究是当前学术界关注的热点问题

随着我国居民住房消费水平不断提高，居民对于住房消费的偏好主

① 数据来源：中华人民共和国住房和城乡建设部网站。
② 数据来源：国家统计局网站。
③ 居民消费率=居民消费总额/GDP*100%。

要以购买为主，且居住偏好逐渐由购买基础性住房向购买改善性住房过渡。2017年CHFS的数据显示，我国的住房自有率为85%，普遍高于发达国家。房地产市场的繁荣和发展使得更多民间资本和社会资本纷纷涌向房地产市场，很多企业把房地产作为分散企业投资风险的重要工具。由于土地财政的利益驱使，很多地方政府倾向于通过卖地获得财政收入，进而陷入“高地价-高房价”的恶性循环。此外，政府财政资源分配的不均匀，进一步加剧了公共资源分配的不均，教育、医疗、住房、收入等领域产生了“马太效应”。

从实证研究方法来看，现有研究大多是从宏观角度分析住房价格上涨对于居民消费价格是否产生了挤入挤出效应，但对两者的内在作用机理及微观实证研究还处于探索阶段，研究两者的作用机理能够为房地产市场参与主体的决策行为提供有益启示。

1.1.2 研究的目的

随着城镇化进程的不断推进，我国城市住房系统的空间布局和需求配置结构发生了较大的变化。自1998年实行住房改革以来，我国的城镇居民住房消费需求经历了公有住房到私有住房、分房到购房、生存需求购房到改善需求购房的变化过程。在这个变化过程中，住房已逐渐成为家庭资产中最重要的组成部分，直接关系到社会财富的积累和再分配。

本书的研究目标包括以下方面：

（1）评价和分析我国当前住房市场中住房价格、居民消费的发展变化及现状，并从文化视角分析我国低消费率和高房价的深层次原因。

（2）从外部因素和内部因素方面研究住房价格如何对居民消费产生影响，分析并提出我国住房价格对居民消费影响的传导路径，搭建两者联系的理论框架，为定量研究两者之间关系奠定理论基础。

（3）从宏观层面实证检验我国住房价格和居民消费的关系，从信贷约束效应和财富效应两个视角研究货币政策、不同年龄结构以及不同收入水平条件下住房价格对居民消费行为的影响。

（4）从微观层面实证检验我国住房价格对居民消费的影响，从租买选择、不同年龄结构及不同收入水平视角，区分租赁家庭、仅拥有一套住房以及拥有两套住房及以上家庭分析住房价格波动对居民消费行为的影响。

（5）根据宏观和微观实证研究的结果，提出解决我国住房价格不断上涨和居民消费率偏低问题的方案，为政府部门制定相关的政策提出建议。

1.1.3 研究的意义

（1）理论意义

①丰富住房价格对居民消费影响的理论框架体系。

住房价格波动和居民消费之间的关系当前已成为研究热点，虽然我国已有很多关于这两者关系的研究，但对于住房价格波动究竟是通过何种途径传导到居民消费行为的，如何构建住房价格波动对居民消费的影响和作用理论体系目前尚未成熟，因此本书试图从外部影响因素、中间变量和微观主体影响因素层面构建住房价格-居民消费关系的理论框架，从不同角度阐述住房价格对居民消费传导机制的理论框架，为后续的研究奠定理论基础。

②从更全面的视角分析住房价格对居民消费的作用机理。

国内学者对住房价格和居民消费的关系已经进行了大量研究，但更多的是从宏观角度剖析两者之间的关系。本书利用CHFS微观数据，通过区分租赁住房家庭、仅拥有一套住房家庭以及拥有两套及以上住房的家庭，研究住房价格对居民消费的影响，在计量经济方法上进行新的探索，弥补之前研究的不足。

③为进行梯级住房消费层次研究提供基础条件。

我国已经基本形成了各个层级住房与居民的可负担能力相适应的房屋供给结构。借鉴国内外研究经验，充分了解我国住房价格和居民消费的内在作用机理后，未来可进一步根据跨时效应理论深入研究得出最优的消费决策模型，为建立合理的住房消费模式提供研究基础。

（2）现实意义

①为决策主体调控住房市场和宏观经济提供参考依据。

住房需求是研究住房市场的出发点和起始点，住房价格是市场需求和供给关系的指示器，住房价格波动对居民消费的影响直接关系到我国宏观经济运行和经济的可持续增长，准确把握住房价格波动对居民消费影响的规律，有助于对我国高房价、低消费率的矛盾有正确认识。本书从宏观层面和微观层面对住房价格与居民消费的关系进行定量分析，分析结果将为政府有针对性地调控住房市场和制定扩大居民消费政策提供依据。

②有助于了解住房价格对不同个体特征居民消费的影响。

扩大居民消费水平对我国国民经济持续稳定发展具有重要意义，从不同角度客观理解住房价格对居民消费个体产生的影响，对于家庭来说有助于合理规避住房消费决策风险；对于房地产开发商来说，可以有针对性地进行住房资源的配置。

③有助于实现我国国民经济的健康可持续发展的目标。

我国城镇化发展及经济转型不能仅仅依赖投资拉动，提高居民消费水平和扩大内需是未来经济可持续增长的主要驱动力。研究住房价格波动对于居民消费行为的影响及其作用机理，有助于政府引导居民扩大消费，稳定住房价格，优化住房供给结构，对实现我国国民经济健康、持续、稳定发展具有重要意义。

1.2 研究内容、方法及思路和框架

1.2.1 研究内容

本书主要内容如下：

第1章介绍了研究的背景、研究目的和理论现实意义，提出研究的内容和研究方法，设计研究的技术路线和框架，对全书进行概括介绍。

第2章对涉及的基本概念和研究对象范围进行界定，以消费者行为理论、跨期消费理论、消费者心理特征行为理论、住房价格决定理论作为研究的理论基础，通过梳理和评述国内外学者研究住房价格对居民消费影响研究的进展和不足，提出研究待解决的问题。

第3章回顾了我国住房市场的发展历程，从房地产投资、开发、销售及房价收入比等方面分析我国房地产市场的发展现状，对消费水平、消费结构及不同收入层级的消费者结构差异及区域差异进行总结，在此基础上从经济、社会和文化视角剖析我国住房价格持续走高、消费率逐步降低的原因。

第4章通过外部影响因素、中间变量以及微观主体变量因素论证住房价格-居民消费的理论联系，构建住房价格对居民消费影响的传导机制和路径，为实证分析奠定基础。

第5章运用经典生命周期理论，对我国住房财富的需求弹性进行估计，引入预期和文化等因素，考量住房价格对居民消费的影响。从宏观层面实证分析住房价格变动通过信贷约束效应、不同年龄结构及不同收入居民的财富效应对居民消费的影响。

第6章将我国居民消费行为与住房价格数据进行匹配，分析住房价格波动对消费行为的影响。通过分析不同地区、不同年龄阶段居民消费对住房价格变化的响应，研究不同收入层级居民的消费行为对于住房价格的响应，所得结果用以进行宏观部分的实证分析。

第7章总结研究的局限性，提出通过稳定住房价格、完善社会保障制度、缩小贫富差距、推动养老地产等途径提高居民消费，对未来的研究方向进行展望。

1.2.2 研究方法

（1）文献分析法

本书从消费者行为、跨期消费等理论入手，参考了大量的国外文献和国内已有研究，研究规范严谨。

（2）规范研究和实证研究相结合的方法

本书分析了住房价格对居民消费的作用机理及影响路径，运用计量经济学分析的方法，从宏观和微观两个视角，从不同层面研究住房价格对居民消费的影响，确保了研究的全面性、准确性和有效性。

（3）比较研究法

本书利用大量历史数据对住房体制改革以来居民的消费行为和住房

市场的发展情况及演变过程进行了回顾和总结，从宏观和微观两个层面对住房价格和居民消费的关系进行实证分析，所得结果纵向上可相互佐证。

1.2.3 研究思路和框架

本书框架图如图1-1所示。

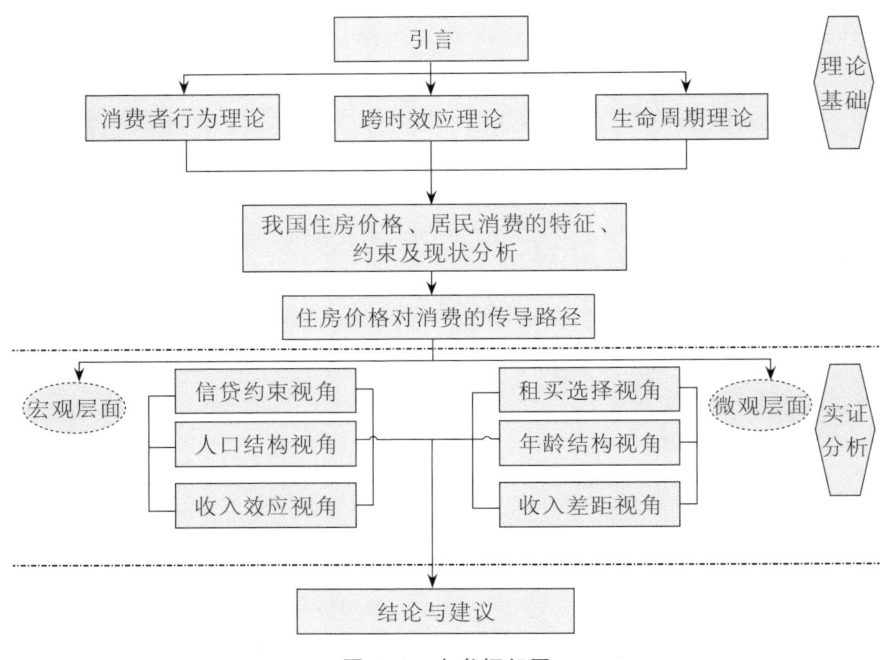

图1-1 本书框架图

1.3 研究的难点及创新点

1.3.1 研究的难点

（1）住房价格与居民消费关系的传导途径是本书的重点研究内容。我国需要构建合理的住房结构体系，居民的可负担能力和住房属性应匹配，理论上如何解释两者之间的关系是研究的难点。

（2）本书试图从微观层面定量研究住房价格和消费行为的关系，微观数据的选取、数据的相容性、模型检验及综合分析等方面是研究的难点。

1.3.2 研究的创新点

（1）揭示了住房价格变动与居民消费关系的传导途径，在宏观层面的实证分析中，利用VECM模型和GMM广义矩估计面板模型估计了住房价格对于居民消费的影响，改进了过去实证研究中采用静态回归或准静态回归的方法，从长期和动态趋势方面论证住房价格对居民消费的影响。

（2）微观实证分析方面，提出从租买选择视角研究住房价格和居民消费的关系。分析了住房价格波动对不同收入水平和年龄阶段的租买选择家庭居民消费的影响，揭示了微观层面住房价格波动和居民消费的关系，为准确全面认识住房价格对居民消费的影响提供了参考。

2 理论基础和文献综述

2.1 基本概念的界定及研究对象

本节对本书提到的消费与住房消费、住房财富与住房财富的边际消费倾向等概念进行界定，同时界定研究对象和研究范围。

2.2.1 居民消费和住房消费

本书研究的主要内容是住房价格对居民消费的影响，因此界定消费的概念及边界是研究的起点。消费是指为满足个人的需求，通过货币的形式购买商品或者服务的行为。消费行为来源于对商品或者服务的需求，当具备购买能力和支付条件时，需求转化为购买行为。住房消费支出是居民个人消费支出的一部分，是指家庭在每个期间使用住房服务以满足当期消费需求的活动[①]。从统计学概念来讲，购买或者建设住房都属于投资行为而不属于消费行为。但从经济学意义上来说，既具有消费

① 伊特韦尔，米尔盖特，纽曼. 新帕尔格雷夫经济学大辞典［M］. 贾拥民，等译. 北京：经济科学出版社，2001.

属性又具有增值保值的属性是由住房本身的双重属性决定的。如果购买住房仅仅为自用，则对住房的需求属于住房消费需求；如果购买住房不仅是为了消费，还是为了通过购买住房获取盈利，那么产生的需求就为投资需求。

2.2.2 住房财富与住房财富的边际消费倾向

住房的财富效应可以理解为当住房价格上升时，住房所有者财富的增加进而提高消费水平。住房财富按照种类可以划分为已兑现的住房财富和未兑现的住房财富。已兑现的住房财富是指由于房价上升，住房持有者通过出售房屋或者住房再抵押贷款获取收益。未兑现的住房财富是指房价上涨，住房持有者没有出售房屋或者获取再抵押贷款，但是预期住房财富趋于增长。住房财富的边际消费倾向是指住房财富每增加一单位消费增加的单位值。传统的消费函数是持久性收入和财富的函数。将财富分为住房财富和非住房财富，可以将消费函数表示为：

$$C=\alpha+\beta Y+\gamma HW+\mu SW \qquad (式 2-1)$$

其中，C为消费支出，Y为持久性收入，HW为住房财富，SW为非住房财富，γ为住房财富的边际消费倾向。有学者从宏观层面（Carroll等，2011）和微观层面（Campbell和Cocco，2005；Mian等，2009）对住房财富的边际消费倾向进行了测度。

2.2.3 研究对象和范围的界定

住房价格作为反映住房市场供给和需求关系最有效的指标，直接关系到家庭的住房财富水平，按照国家统计年鉴中住房价格的分类方式，可以将住房价格细分为商品房平均销售价格、住宅商品房平均销售价格、别墅和高档公寓平均销售价格、办公楼商品房平均销售价格、商业营业用房平均销售价格以及其他商品房平均销售价格。为了保证统计口径的一致性，本书不考虑除住宅商品房之外的住房价格对居民消费行为的影响。此外，住房价格波动对农村居民消费的影响不在本书考虑之列。

2.2 相关的理论基础

2.2.1 消费者行为理论

根据古典经济学的理论，假设消费者为理性的经济人，是以追求效用最大化为目标。消费者行为理论包括绝对收入假说、相对收入假说、生命周期理论、理性随机游走假设、消费者的流动性约束和预防性储蓄，这些理论和假说构成了完整的消费者行为理论。

（1）绝对收入假说

消费者在处理消费支出和储蓄的关系时，是以1936年凯恩斯《就业、利息与货币通论》中绝对收入假说作为理论基础的①。凯恩斯认为消费量取决于个人的收入水平和其他相关因素。其他相关因素主要是指主观因素和客观因素，主观因素主要是指人的心理特征、社会实践等因素，但通常这类因素在短期内不会发生重大变化。消费倾向主要受客观因素的影响，在短期内，收入的增加会伴随着储蓄的增加，收入的减少也会伴随着储蓄的减少。绝对收入假说认为实际的现期可支配收入与消费在短期是稳定的函数关系，消费与可支配收入的相关系数为边际消费倾向，收入越高，则消费者的支出越高，但支出的增加幅度要小于收入的增长幅度。

（2）相对收入假说

杜森贝利（Duesenberry）1949年提出了相对收入假说，认为消费具有一定的"示范效应"和"棘轮效应"。一方面，他认为人们普遍具有攀比心理，消费行为除了受到自身消费习惯的影响，还受到其他消费者的影响，影响的强度取决于其他消费者的相对收入水平。另一方面，他认为消费者的消费水平具有一定惯性，在短期内消费者的消费习惯很难转变，因此短期支出会随收入的变化而变化。

1957年，弗里德曼（Friedman）在此前的研究基础之上提出了消费

① KEYNES. The General Theory of Employment, Interest and Money [M]. London: Cambridge University Press, 1936.

者的消费行为不受相对收入和绝对收入水平的影响，而是取决于消费者持久消费水平，即持久收入假定。他认为收入分为持久收入 Y^P 和暂时收入 Y^T。暂时收入代表的是暂时性的偶然收入，持久收入指的是消费者在相当长的时间里可以获得的收入，用公式表示为：

$$Y = Y^P + Y^T \quad \text{（式 2-2）}$$

$$Y^P = \frac{r}{1+r}\left[\sum_{t=0}^{\infty}\frac{W_t}{(1+r)^t} + (1+r)A_0\right] \quad \text{（式 2-3）}$$

$$Y_t^T = W_t + rA_t - Y^P \quad \text{（式 2-4）}$$

其中，r 表示折现率，W_t 表示第 t 期的工资水平，A_t 表示第 t 期的资产水平。

同时，基于收入的划分，弗里德曼认为消费分为持久消费 C^P 和暂时消费 C^T，即 $C = C^P + C^T$，且持久消费仅与持久收入存在固定比例关系，即 $C^P=cY^P$。暂时消费与暂时收入不存在显著的相关关系，消费者获得暂时收入，更倾向于将其储蓄而不是消费。持久收入理论的提出意味着传统意义上的边际消费倾向并不一定递减，还可能发生不规则变化。

（3）生命周期理论

Madigliani（1963）提出的生命周期理论认为人们在年轻的时候储蓄最重要的动机就是为退休后消费作准备。消费者的现期消费支出除了与当期和以后各期收入流量的折现值有关以外，还与年龄有一定关系，消费者中青年时期的消费较其他时期高，通常会透支老年时期的储蓄和财富，从而使得消费者整个生命周期的收入和消费相等。用公式可以表示为：

$$\sum_{t=0}^{\infty}\frac{C_t}{(1+\rho)^t} = \sum_{t=0}^{\infty}\frac{W_t}{(1+r)^t} + (1+r)A_0 \quad \text{（式 2-5）}$$

其中，ρ 表示消费行为的时间偏好。生命周期理论中总消费函数可以理解为财富和收入的相关函数，使得消费者能够根据财富和收入在一生中进行平滑。Modigliani 和 Steindel（1977）基于生命周期理论证明了行为人对于生命周期内可预期的、持续的收入具有更高的消费倾向，后来很多学者也印证了这一结论（Johnson 等，2006；Agarwal 等，2007）。

（4）理性随机游走假设

霍尔（Hall）1978年在持久收入假说和生命周期理论的基础上，加入了理性预期的因素，提出了理性随机游走假设。设定消费者目标函数为：

$$\mathrm{MaxE}\left\{\sum_{t=1}^{T}\left[\frac{1}{1+\delta}\right]^{t}U(c_t)\right\} \quad （式2-6）$$

$$s.t.A_{t+1}=(1+r)(A_t+w_t-c_t) \quad （式2-7）$$

其中，T表示消费者的生命周期长度，δ表示消费效用函数的时间偏好，c_t表示消费者消费水平，w_t表示工资收入，A_t表示现有资产，r表示不变的资产收益率。

根据霍尔上述对消费者消费行为特征的假设，消费效用函数可以设定为$U(c_t)=-(a-c_t)^2$，将其带入等式2-6，得到一阶最优条件，即：

$$c_{t+1}=(1-\frac{1+\delta}{1+r})a+\frac{1+\delta}{1+r}c_t+e_t \quad （式2-8）$$

当$r=\delta$时，等式2-8可以改写为：

$$c_{t+1}=c_t+e_t \quad （式2-9）$$

式2-9即为理性随机游走假设的基本形式，表明消费者的消费行为应该服从随机分布。然而，后来学者在对理性随机游走假设进行实证研究时发现，消费者消费行为对于可以预期工资收入的变化存在过度敏感性（Flavin，1984）和过度平滑性（Campbell和Deaton，1989）。Blanchard和Fisher（1989）提出了LC-PIH模型，即消费者选择一种路径使得消费在生命周期中实现效用最大化：

$$\max E_t\left[\sum_{t=0}^{T}(1+\delta)^{-t}U(C_t)\right] \quad （式2-10）$$

约束条件为：

$$s.t.A_{t+1}=(1+r_t)(A_t+Y_t-C_t) \quad （式2-11）$$

实现效用最大化的路径可以为：

$$C_t=\frac{r}{1+r}A_t+\frac{r}{1+r}\sum_{k=0}^{T=\infty}(1+r)^{-k}E_tY_{t+k} \quad （式2-12）$$

（5）消费者的流动性约束和预防性储蓄

新古典经济学框架下，在上述这些理论的基础上，Leland（1968）

首次提出了消费者的流动性约束和预防性储蓄。预防性储蓄理论认为在未来可能存在不确定性因素的条件下，居民选择增加储蓄减少消费来预防不确定性因素。Caballero（1990）等通过扩展两期模型建立预防性储蓄对收入的响应，结果表明收益的不确定会增加储蓄。Kimball（1990）发现财富增加时预防性储蓄会减少。流动性约束是基于持久收入和生命周期假设的，由于未来预期的不确定性和金融市场的不完善性，消费者会通过增加储蓄减少消费来预防流动性约束和未来不确定性带来的风险。

2.2.2 跨期消费行为理论

跨期消费行为理论是在总结过去消费行为理论的基础上的延伸和发展。跨期消费行为的核心思想就是在有限的资源条件约束下，消费者能够对与一生的收入水平相对应的消费量进行合理配置，在整个生命周期内实现效用最大化。一般来说，实现消费者的跨期效用最大化，前提是需要了解消费者一生中面临的资产选择。根据Hansen和Singleton（1983）的研究框架，假设一个消费者在一定的预算约束下，选择消费水平和投资方式一生效用最大化的效用函数如下：

$$u = \int_0^{\infty} U(c)e^{-\beta t}d_t \qquad \text{（式2-13）}$$

其中，U（c）代表t时刻在信息已知的条件下消费者的效用，c代表t时刻的消费水平，$e^{-\beta t}$代表贴现因子。

假设消费者在预算约束下，可以拥有住房（住房资产）和股票（金融资产）来获得收入。r_t为住房资产升值的回报率，B_t为消费者持有住房资产在t期到t+1期的总收益（B_t可以大于0（住房资产升值），也可以小于0（住房资产贬值）），$r_t^{-1}B_t$为t期的现值，m_t为消费者持有的股票资产，Y_t为消费者下一期的红利，p_t为股票在t期的价格，消费者在t期拥有的资产可以表示为：

$$c_t + r_t^{-1}B_t + p_t m_t \leqslant A_t \qquad \text{（式2-14）}$$

在t+1期，住房财富和股票财富之和为消费者的当期总财富，用公式可以表示为：

$$A_{t+1} = B_t + (P_{t+1} + Y_{t+1})m_t \quad （式2-15）$$

利用动态规划的方法得到Euler方程，消费选择与资产定价的关系可以表示为：

$$U(c_t)r_t^{-1} = E_t\beta U(c_{t+1}) \quad （式2-16）$$

$$U(c_t)m_t = E_t\beta U(m_{t+1} + y_{t+1})U(c_{t+1}) \quad （式2-17）$$

对上式求极值，代表消费者在资产选择时最终的边际效用趋近于零，如果某个财富效应为正，消费者就可以通过减少某种资产增加消费，从而提高效用。消费者资产选择的最优效用函数可以通过构造系统的哈密顿函数引入协状态变量λ，根据欧拉-拉格朗日定理求得。

2.2.3 消费者的心理特征行为相关理论

消费者的完全理性是实现跨期消费效用最大化的前提条件，消费者通过个人的认知收集整理信息，并在此基础上形成购买决策，但是在现实生活中由于信息不对称等原因，往往不能达到完全理性。随着消费经济学的发展，越来越多的经济学家开始关注消费者个人的心理行为特征对于消费选择的影响。Holbrook 和 Hirschman（1982）在研究购买者消费行为的基础上，搭建了消费行为变量的框架，并加入了消费经验（如休闲活动、情绪、消费美学等）方面的认知。Shegrin 和 Thaler（1988）把自我控制、心理账户和心理构建加入生命周期理论中，形成了行为生命周期假设。生命周期理论的关键是假设没有信贷配给，消费者如果要增加储蓄，需要自我控制减少消费，且在生命周期不同阶段对应的心理账户的边际消费倾向是有差异的。20世纪90年代开始，消费者的心理特征行为已经不仅受到消费者个人的气质、性格、兴趣等心理需求活动的影响，还受到广告营销、经济环境等外部因素的影响。Maheswaran 和 Shavitt（2000）基于跨文化的视角研究了文化对消费者行为的影响，并总结了相关的理论和方法论。随着消费经济学理论的发展，社会人口学、心理学、社会学等相关学科的理论不断被引入，形成了一系列与消费经济学交叉的学科，这在一定程度上使得消费经济学的学科体系得到完善和补充，但是"高储蓄之谜""炫耀性消费"等问题有待进一步研究。

2.2.4 决定住房价格的相关理论

（1）资本资产定价模型相关理论

资本资产定价模型是在Markowitz（1952）资产组合理论的基础上发展起来的。Sharpe（1964）在资本资产定价模型的推导中进一步提出了有效边界与资本市场线的概念。资本资产定价模型是研究证券市场价格如何决定的模型，推导出的存在无风险利率条件下的资本资产定价模型的标准形式如下：

$$E(r_j)_t = r_f + \frac{E(r_m) - R_f}{\delta m^2} cov(r_j, r_m) \quad \text{（式 2-18）}$$

$$s.t.\beta_j = cov(r_j, r_m)/\delta_m^2 \quad \text{（式 2-19）}$$

$$E(r_j) = r_f + \beta(E(r_m)) - r_f \quad \text{（式 2-20）}$$

其中，r_j是证券j的收益率，r_m是市场证券组合的收益率，δ_m是市场证券组合的标准差，cov（r_j，r_m）是证券j与市场收益率r_m的协方差，r_f是无风险证券收益率。消费资本资产定价模型是在跨期定价模型的基础上加入消费变量演变而来的，是一种将资产收益率与消费增长率相联系的资产定价模型，消费者期望最大值可以表示为：

$$MaxE_t\left[\sum_{j=0}^{\infty}\beta U(c_{t+j})\right] \quad \text{（式 2-21）}$$

（2）住房价格波动的相关理论

根据马斯洛的需求层次理论，人类需求层次是由低层次的生理需求向高层次的自我实现需求逐层发展的，居住需求是满足人的安全需求层次的基本保障。随着人类收入的增加和经济发展，人们对于住房的需求也由基本生存需求逐渐转向享受性需求，这时住房市场就会产生过滤效应，即收入较高的居民家庭会通过迁移或者置换的方式追求更高质量、更舒适的住房，过滤下的住房会由下一层级的消费者购买。消费者购买住房的动机分为消费动机和投资动机。住房需求动机的差异会影响住房价格，进一步会影响住房市场的住房资源配置。

住房价格的波动是由供给和需求两方面共同决定的。Whitehead（1971）和Bowden（1980）提出了一个典型的房屋市场模型：住房需求主要是由住房价格、家庭收入、家庭数和用户的房屋成本决定的，住房供给主要由住宅价格和成本两个方面组成。Case 和 Shiller（2003）的研究表明，人均收入几乎可以完全解释绝大多数房价上涨问题，收入是房价的决定因素。Tsatsaronis 和 Zhu（2004）的研究表明利率影响银行信贷资金，降低利率意味着增加银行贷款。Kim（1993）指出韩国的住房价格是由货币供应量快速增长推动的。Maclennan 等（1998）指出货币政策的效果可以通过住房市场传导。Holly 和 Jones（1997）利用1939—1994年英国的数据进行多变量 Johansen 协整检验，分析了实际收入、人口、利率和住房存量等对住房价格的影响。他们认为收入是影响房价的长期因素，人口变化是影响房价的短期因素，房价受抵押贷款及住房存量变化的影响。Henry 等（1990）研究得出区位因素、邻里特征和住房结构是影响中国香港房价的主要因素。此外，Glaeser、Goyourk 和 Hilber（2002）通过回归分析，认为地价与房价并没有直接关系而是与地区经济发展和人力资本正相关。我国很多学者对住房价格影响因素也进行了较为深入的研究，结果显示收入、人口、空置率、贷款利率水平等因素对房价都有很好的解释力（刘洪玉，2004；张红，2007 等）。

2.3 国内外研究现状及文献述评

2.3.1 国外学者研究现状

（1）住房价格对居民消费的财富效应显著性关系研究

消费是经济活动的中心，住房价格变动会影响到财富积累和扩散，进而影响到消费水平，消费水平的变化又与生命周期息息相关。消费者在青年、中年、老年时期根据当时的收入情况消费水平会有所差异。青年时期由于收入较少会预支未来消费，中年时期是一生中收入最高的时期，除了当期消费以外，积累的财富一部分用于偿还青年时期的债务，另一部分用于老年时期的消费，总消费将在一生中进行平滑。住房是家庭资产负债表中非常重要的组成部分，购买住房是实现家庭资产保值增值的重要途径，住房资产的价格波动引起的居民消费水平的变化，即财富效应。住房的财富效应是否存在以及是否显著是目前研究的热点问题，目前财富效应对住房价格的影响在学术界并没有得到统一的研究结论。

现有文献对于住房价格对居民消费的影响大致有两种不同的观点：一种观点认为财富效应能够显著影响住房价格。Engelhardt（1996）认为住房财富的消费边际倾向为0.03，房价和居民消费存在正向相关关系：当房价上升时，不影响家庭的储蓄行为；当房价下降时，家庭将减少消费支出。Case、Quigley和Shiller（2001）用1982—1999年美国14个城市的季度数据构建了面板模型，并区分了住房财富和股市财富，结果发现住房财富的边际消费倾向对消费有显著影响，且住房财富边际消费倾向远远超过了股市的边际消费倾向。Benjamin等（2004）发现美国住房财富的边际消费倾向显著高于金融财富，这一结论也得到其他学者的论证（Carroll，2006）。Lettau和Ludvigson（2004）认为永久性的财富改变会影响消费，短暂性的财富变化对消费的影响较小。Case等（2005）指出美国住房财富每增加10%，消费将增加0.4%，住房财富对消费有积极影响。Campbell和Cocco（2007）的研究结果显示财富效应可以通过住房价格和消费的关系来解释。Attanasio等（2008）研究后认为英国的住房价格和消费之间具有较强的关联性，住房价格的财富效应、抵押品效应促进了消费的变化。Attanasio等（2011）利用简单的生命周期模型证明了房价冲击对于老年家庭的消费具有较大的影响。Guo和William（2012）认为财富组合是消费最重要的决定因素，财富效应对消费有明显影响。Abdallah和Lastrapes（2013）利用动态因素模型研究了美国国家层面住房市场与住房价格和消费之间的动态关系，用符号限制的方法识别了住房供给和需求的冲击，国家层面支出和住房价格对住房需求有积极影响。

另外一种观点认为财富效应对住房价格的影响不显著。住房财富影响消费的形式包括以下途径：一种是住房所有者将之前住房获取的权益资产转移到更便宜的住房中。另外一种是住房所有者通过住房抵押获得更多的贷款，住房可用于支出。有观点认为房价的上涨会因为住房成本上升而抵消，从这个观点来看，住房价格可以无限上升，不会影响到非住房商品和服务的消费。Elliot（1980）发现房地产价值的上升对消费者支出的作用不明显。Levin（1998）认为流动性资产价值改变对消费比较敏感，而非流动性资产如住房资产的价值变化对于消费不敏感。Phang（2004）研究发现新加坡房价上涨并没有对总消费产生显著的影响，对于住房所有者来说，随着房价的上涨会导致他们财富的增长，这对于消费有正向的影响，如果是租房者，房价上涨可能对于消费有负向影响，因为实际住房服务的成本会随着房价的增加而增加。Buiter（2009）指出在一个封闭的代理人模型和Yarri-Blanchard最小二乘回归模型中，住房价格对消费没有纯粹的住房财富效应。Fisher等（2009）研究了澳大利亚非住房消费对金融财富和非金融财富的长期和短期冲击响应，认为在2004年之前，短暂的财富效应没有明显影响到消费，2004年以后财富和劳动收入的增长会短暂地影响消费。Sungwon Cho（2011）研究了韩国房价改变对于消费的影响，结果表明房价的变化没有明显影响家庭总消费，高收入家庭正向的住房财富会被低收入家庭负向的住房财富抵消。

（2）住房财富与金融财富相关性研究

一种观点认为住房财富效应对消费的影响比其他形式的财富效应影响更大，主要原因是居民财富的形式是不确定的（Lettau和Ludvigson，2004；Case、Quigley和Shiller，2005），住房价格的波动比股票市场要小，居民认为住房财富的获得更加持久。另外一种观点认为住房财富比其他财富对消费的影响要小，这是因为对于家庭来说，住房财富的增加与租房成本的增加匹配，可能不会直接增加支出，如果家庭储蓄是为了买房子，那么高房价可能会减少消费，因为为了获取住房必须增加储蓄。住房财富的流动性可能比其他财富的流动性要稍弱一些，比如当家庭用住房权益进行借贷融资时，具有较高的交易成本（如再融资的费用）。

从住房财富和金融财富相关性研究的结果来看，不同学者研究得出的不同地区的住房财富边际消费倾向的差异比较大。Bhatia（1987）研究后认为存在住房财富效应（系数是0.37），没有金融财富效应，因为房地产市场流动性不足，再融资贷款能力和通过住房增值信用额度受限。Belsky和Prakken（2004）发现住房财富效应是0.05到0.07。Bover（2005）利用西班牙家庭金融数据检验出西班牙住房财富的边际消费倾向为0.015，年龄大的人群具有较显著的住房财富，财富效应在自有住房家庭最为显著，其次是二手房，金融财富效应体现得较为不明显。Grant和Peltonen（2008）使用1989—2002年意大利的家庭面板数据进行研究，得到住房财富的边际消费倾向为0.08。Eva和Yelena（2011）通过不同类型财富的消费支出弹性来考察加拿大、芬兰、意大利、德国和美国的住房支出和财富在不同年龄组的分布情况，结论表明大多数国家金融财富占主导地位，不同年龄组的弹性不同，老年家庭消费比年轻家庭消费更加敏感。一些研究表明高消费群体对住房财富的敏感程度比金融财富大（Bostic等，2009），另一些研究则得到相反的结论（Grant和Peltonen，2005；Juster等，2005）。Benjamin等（2004）利用美国汇总数据考察住房财富和消费的关系，结果显示住房财富边际消费倾向为0.08，金融财富效应为0.02。Thomson（2004）研究得出1998—2003年澳大利亚的住房财富边际消费倾向为0.06，金融财富为0.02。Jie Gan（2007）利用1992—2004年中国香港12 793个个人住房财富和信用卡支出的微观数据，研究得出香港住房财富的边际消费倾向为0.171。Carroll等（2011）比较了金融财富和住房财富效应，结果表明其在短期差不多都是0.02。

综上所述，现有财富效应如何对住房价格和居民消费产生影响的研究中，并没有考虑租买选择对财富效应的影响。

（3）信贷约束、住房价格与消费关系的相关研究

如果财富效应是解释住房价格和居民消费关系的直接中间变量，信贷约束则是研究两者关系的间接影响因素。Mian和Su（2009）研究了1997—2008年住房价格对不同地区个人家庭债务的影响，结果显示如果消费者的住房资产增加，会提高这些家庭的借贷水平。Manuel和Rafael（2011）研究了利率对住房价格和消费的影响，通过误差修正模型估计的方法把消费者响应函数分解为两个部分：一个是直接的响应，与信贷成本上升有关；另一个是间接的响应，关系

到房地产市场的退化。在研究方法上，大多数研究基于金融加速模型，使用VAR模型研究消费、住房、利率之间的关系。Aoki等（2002）指出利率上升会导致房价、住房投资、耐用和非耐用品消费的下降。Lacoviello（2005）认为住房价格的正向冲击是GDP增长的原因。

住房价格对于消费的作用还体现在住房抵押效应上，当住房价格上涨时，可以通过住房获得更多的贷款。住房资产再抵押后，家庭融资成本降低，家庭可以通过住房资产的升值获取更大的借贷额度。Elias Oikarinen（2008）认为住房价格和家庭借贷是紧密联系的，信贷的有效性能够降低家庭流动性约束，这就可能增加住房需求。Andreas L（2004）通过衡量不同群体的住房价格对于消费的冲击，检验了信贷政策对于住房财富的影响，年轻的群体因为预期收入增加较快，所以比老年人群体更倾向于借贷。

（4）其他因素对住房价格和消费行为影响的研究

Campbell和Mankiw（1989）考察了消费与收入预期增长的“过度敏感性”。Goodman和Kawai（1982）研究了持久收入、非持久收入和住房消费的关系，结果显示持久收入对住房消费更重要一些。还有一些研究表明，储蓄率与收入的变化有关，收入水平较低的群体相比较高收入水平的群体具有较高的储蓄率，收入水平较低的群体储蓄率较高是因为他们的持久收入较少，在同样的收入水平下，收入水平较低的群体应对冲击的能力较弱，需要进行更多的预防性储蓄，收入增加将会提高储蓄率，收入减少将会降低收益率（George Katona，1949）。此外，住房价格和收入是消费者买房决策的重要驱动因素，这也是消费模型建立的标准，住房消费是由单位价格的住房服务、收入以及家庭特征决定的（Rosen，1985）。从短期和中期来看供给对价格变动的反应较慢（DiPasquale和Wheaton，1996），从长期来看，供给会随着政策改变后的自有住房和租赁住房的需求而调整，但是并不是假设供给必须完全满足需求，而是假设供给会尽量满足需求，住房消费水平主要取决于需求，这也是后文研究的基础。

2.3.2 国内学者研究现状

近年来，住房价格和居民消费的关系是国内学者研究的热点问题。从住房财富研究的角度来看，国内学者存在两种不同观点：一种观点认为住房价格升高对居民消费存在财富效应，两者存在正相关关系；另外一种观点认为住房价格对居民消费不存在财富效应，两者存在负相关关系。

（1）住房价格对居民消费存在正相关关系的相关文献

从宏观层面，宋勃（2007）对我国房地产住房财富效应进行实证分析，结论是住房价格对居民消费有促进作用，这一结果也得到其他学者的论证（崔光灿，2009；周建军和鞠方，2009；丁攀和胡宗义，2008）。姚树杰和戴颖杰（2012）研究得出2004—2010年我国房地产资产水平与居民消费存在正相关关系，但是随着经济发展和收入水平的提高会减弱。孔宪丽（2011）将我国不同省份的消费水平划分为高消费、中等消费、较低消费和低消费，对1998—2007年不同地区的住房价格对居民消费水平的影响机制进行研究，结论表明房价上涨对中等消费和低消费水平的居民消费有正向的财富效应。

从微观层面，杜莉（2012）的研究结果显示住房价格对上海市城镇居民消费具有正向的财富效应。陈训波和周伟（2013）的研究结论是我国住房价格对居民消费倾向具有显著影响。黄静和屠梅曾（2009）利用家庭微观调查数据实证得到房地产财富对居民消费有显著的促进作用。周建珊（2013）认为我国存在微弱的金融财富，居民家庭个体特征对房地产财富具有明显影响。

（2）住房价格对居民消费存在负相关关系的相关文献

况伟大（2011）通过区别自有住房和租赁户建立两期模型，考察了住房价格变动对居民家庭消费的影响，结论显示房价对住房面积和非住房消费不存在财富效应。李春风等（2013）运用动态系统的广义矩阵法，对1999—2011年我国29个省份的住房价格对消费的作用进行实证分析，结果表明住房价格对居住消费有负向影响，对非居住消费有正向影响。杜莉（2010）对2002—2006年172个城市的住房价格对居民消费的影响进行实证分析，结果显示住房价格对居民消费有抑制作用，房价每上涨1 000元，居民平均消费倾向下降0.8%~1%。谢洁玉等（2012）利用中国城镇住户调查数据，得出房价对家庭消费有明显的抑制作用。李向前等（2012）运用SVAR模型实证检验了1999年1月至2010年12月我国住房价格对消费的影响，结果表明我国住房价格的上涨导致居民消费水平下降。骆祚炎（2007）利用1985—2009年的年度数据，研究得出我国住房支出对居民消费具有负向的影响的结论。高春亮等（2007）的实证检验结果显示我国35个大中城市2001—2004年住房财富边际消费倾向为-0.033。杜冰（2009）测算了我国19个城市房价变化对居民消费行为的影响，得出我国住房价格上涨会减少居民消费的结论。戴颖杰和周奎省（2012）利用FAVAR模型对房价和居民消费进行实证分析，结果表明房价对耐用品有比较明显的抑制作用，抑制房价有助于提高居民消费水平。

此外，还有学者认为住房价格对居民消费的影响具有不确定性。李顺毅（2011）运用分位数的方法分析了2005—2009年我国不同省份房价与消费的关系，结果表明住房价格与消费呈现倒U形曲线的关系。郭志芳（2012）利用2002—2008年35个大中城市的面板模型考察了房价波动对消费支出的影响，结果显示房价的适度上涨对消费产生促进作用，当上涨过快时对消费有抑制的作用。

（3）基于其他视角研究住房价格与居民消费关系的相关文献

除了直接考察住房价格与居民消费的关系，还有一些学者从其他视角来考量住房价格与居民消费的关系。从货币政策传导视角，有学者研究了住房价格如何影响居民消费，结果显示住房价格对居民消费产生了正向的影响，且在短期内影响较为明显（丁晨和屠梅曾，2007；刘兰凤和袁申国，2011）。还有学者从信贷约束（陈健、陈杰和高波，2012）、预防性储蓄（徐小鹰，2012）的角度研究了住房价格与居民消费的关系，结论是住房价格对消费产生抑制作用。

2.3.3 文献评述

从研究范围上看，很多学者已经基于各自国家（如美国、韩国、中国、新加坡、英国等）层面或者区域层面的数据对住房价格和居民消费的关系进行了研究，对居民消费影响的挤入挤出效应进行了分析。从研究方法上看，各国学者应用的计量方法多种多样，如动态最小二乘法、动态广义最小二乘法、VEC模型、VAR模型等。从研究的结论上看，住房价格对居民消费的影响尚没有统一定论，部分学者认为住房价格的升高会带动居民消费（如Attanasio、Benjamin、Case等），另一部分学者则认为住房价格的升高会抑制居民消费（如Elliot、Buiter等）。进一步研究我国住房价格波动对居民消费的影响，对于政府进行正确的引导和调控房地产市场、提高居民消费水平，保持我国经济健康发展具有非常重要的意义。

针对以上国内外学者对住房价格波动和居民消费关系的研究，笔者认为当前以下方面有待进一步完善：

（1）住房价格波动对我国居民消费的传导途径或者影响机理有待深入研究，针对我国现有住房市场的情况，房价不断高涨和消费率持续下降之间矛盾的深层次原因有待进一步研究。

（2）通过财富效应解释住房价格对于消费的作用时，财富效应的量度是关键，可以在模型中不断加入预期、消费习惯、文化等变量考察住房财富变动情况，但现有研究没有深入进行分析。

（3）研究住房价格对消费的影响时，国内学者的研究成果中，大多是从宏观层面上分析住房价格和居民消费的关系，而且宏观数据采用的时间序列较短，这显然是不够深入的。研究居民个体消费行为特征对住房价格响应的相关成果相对不足，本书试图在微观层面对两者的关系进行论述。

（4）现有研究在分析住房价格对消费的影响时，大部分学者没有考虑到居民消费对象的细分，自有和租赁两种性质的消费者在面临房价波动时，对应的消费行为是有区别的。不同年龄阶段和不同收入层级家庭房价的变动对于居民消费的作用及敏感性是不同的，有必要区分并进行进一步研究。

3 我国住房市场与居民消费的现状及问题分析

3.1 我国住房市场的发展历程

我国住房市场经历了住房实物分配、货币商品化、多层次住房供应保障体系等阶段，住房政策在探索中不断完善。通过住房市场改革，我国实现了“公平住房机会、改善住房质量、实现住有所居”的住房政策目标。我国现行住房制度的形成，经过了长期而复杂的历史过程。按照不同特征可以把我国住房制度划分为以下几个阶段：以住房福利分配为主要特征的传统住房制度阶段（1949—1977年），以提高住房消费比例为主要特征的住房制度改革探索阶段（1978—1993年），以促进城市居民家庭购买住房为主要特征的住房制度改革深化阶段（1994—1997年），以停止实物分配、开启住房市场化为主要特征的住房制度改革进一步深化阶段（1998—2006年），以进一步完善住房供给双轨制为主要特征的住房制度重建阶段（2007年至今）。

3.1.1 住房福利分配时期（1949—1977年）

1949年以前，中国的住宅主要是私人拥有的私宅。1950年开始的公私合营将大部分私有住宅公有化。1957年，对中华人民共和国成立以来住房问题的总结促成了我国城市住房政策的改革，其内容主要包括建立公共住房制度，鼓励家庭建房，控制城市和农村之间的人口流动，加强住房分配管理，进一步开展社会主义住房公有化改造等。这一时期的住房政策基于一个基本认识，即住房不是商品，同时土地也不是资本。在住房建设上，需要住房的单位需要向政府提出申请，如果申请得到批准，则由政府划拨土地给申请单位，既不收取费用也不限定使用年限，并通过财政拨款的方式，将一笔住房建设资金划拨给申请单位，由申请单位负责组织建设，后来逐渐发展为各单位自筹资金建设的模式。在住房分配上，采取福利化的行政分配原则。单位建设的住房由单位通过行政的办法分配给职工居住，并收取极低的租金。也有一部分住房由地方政府负责建设与分配。在确定分房面积的大小和次序时，主要依据是分配对象的职位、工龄等。

1976年以后，城市住房建设逐步繁荣，政府和单位的住房建设投资大量增加。这一时期，金融机构的作用受到限制。根据相关政策的规定，只有中国建设银行等少数国有银行被允许从事与住房建设相关的建设资金审核与结算工作，协助各级财政部门管理住房建设流动资金。

3.1.2 以提租方式提高住房消费比例（1978—1993年）

1978年，中国开始从计划经济向有计划的商品经济过渡。1980年，邓小平同志提出住房商品化的构想，这为中国住房制度改革打下了思想基础。1984年，第六届全国人民代表大会提出开展房地产经营业务，通过多种途径增加资金来源，逐步缓和城市住房紧张状况的工作要求。1988年，第七届全国人民代表大会上通过的《中华人民共和国宪法修正案》中，明确规定了土地使用权可以依法有偿出让或转让，为国有土地使用权进入市场提供了法律依据，也为商品化的住房制度改革和房地产市场发展提供了可能性和制度基础。1988年2月，部分试点城市开始进行住房制度改革，拉开了中国城镇住房改革的序幕[①]。城镇住房制度改革首先集中在住房福利分配制度的改革上，主要措施是向职工出售存量公房、提高存量公房租金和试点补贴出售新建住房。该阶段的改革，没有涉及住房行政分配模式的改革，住房建设仍由国家、单位统一组织实施，并将住房建设作为基本建设和更新改造投资的一部分。1991年11月，《关于全面推进城镇住房制度改革意见的通知》提出在全国范围内推进城镇住房制度改革，以缓解城镇居民住房困难，并进一步明确了国家实现住房商品化、社会化的长期目标，确立了国家集体个人共同负担、租售建并举和因地制宜、分散决策的原则，对提租补贴、住房出售、住房投资、住房金融等问题作出了具体规定。

然而，房地产市场的过度繁荣导致了从紧的货币政策环境。1992年，中国南方部分城市的房地产市场快速发展。同时，居民收入与住房价格的差距越来越大，居民希望以低成本解决住房问题的呼声日渐强烈。中央政府采取了以紧缩金融信贷为主要手段的宏观调控措施，许多城市开始尝试组织建设住房来满足职工住房需求，但这些住房仍然是先由单位购买，再由单位出租或按补贴价格出售给本单位的职工。1993年，北京市出台了《北京市康居工程实施方案》，希望通过向中低收入住房困难户提供符合一般职工住宅设计标准、市政和生活服务配套设施齐全的单元式楼房住宅（小康住宅），探索建立社会主义市场经济条件下具有社会保障性质的住房供给和分配体制。这也是地方政府以经济适用住房为形式和手段解决城镇中低收入家庭住房问题的重要尝试。

3.1.3 促进城市居民家庭购买住房（1994—1997年）

1994年12月，建设部对城镇经济适用住房的建设、申请和交易等程序的管理办法作出了具体规定。1995年2月，在前期地方试点的基础

① 《关于在全国城镇分期分批推行住房制度改革的实施方案》，国发1988〔11〕号。

上，国务院住房制度改革领导小组发布了《国家安居工程实施方案》，其目的是加快住房商品化、社会化进程，促进住房建设，同时为推进住房制度改革提供政策示范。截止到1997年，共有179个城市（系统或单位）参加了国家安居工程住房建设计划，总计划建设安居工程住房7 157.7万平方米。同年，基于国内的经济形势，中央确立了扩大内需的方针，继而提出加快城镇住房制度改革步伐的要求。其目的在于刺激住房消费，将住房消费培育为新的消费热点，发挥住宅产业作为经济增长发动机的作用。

3.1.4 停止实物分配、逐步实现住房市场化（1998—2006年）

1998年7月，《关于进一步深化城镇住房制度改革加快住房建设的通知》（国发〔1998〕23号）确立了住房由商品货币化分配政策代替实物分配，明确了要建立以经济适用住房为主的多层次城镇保障体系，不同收入层次的家庭对应不同的住房供应体系，以保证居民住有所居，这为住房市场快速发展奠定了重要的市场基础。2001年，北京、上海等城市开始建立廉租房制度；2002年，重庆市开始实施廉租房政策；2004年，天津市开始了第一批廉租房的供应。截至2005年年底，全国291个地级以上城市中，有221个城市实施了廉租房制度，总计为41 167户家庭提供了低租金住房。2001—2005年，中国城镇住宅建设竣工面积达29亿平方米，其中经济适用住房占比为34%，解决了1 200多万户中低收入困难家庭的住房问题。

1998—2006年，我国住房价格不断上涨，国务院相继出台了关于调控住房价格的相关文件，要求在改善居民住房居住条件的同时，防止住房价格过快上涨，提出加强房地产市场宏观调控，促进房地产市场健康发展。同时，针对地方政府忽视经济适用住房建设，经济适用住房和廉租住房供应对象界定不科学、建造标准过高、职工住房补贴资金不落实等问题，提出了改进要求。

3.1.5 进一步完善住房供给双轨制（2007年至今）

2007年8月，在总结过去住房市场和中低收入家庭住房政策执行经验的基础上，《国务院关于解决城市低收入家庭住房困难的若干意见》（国发〔2007〕24号）颁布，进一步明确了政府应承担起住房保障的职能，构建多层级的住房保障制度。2008年12月20日，《国务院办公厅关于促进房地产市场健康发展的若干意见》（国办发〔2008〕131号）出台，要求在住房信贷和交易税费等方面对普通商品住房的开发和购买提供支持，同时要求进一步加大保障性住房建设力度，以期平稳应对全球金融危机带来的影响。2009年下半年，我国部分城市住房市场价格开始快速回升。2010年1月和4月，国务院先后发布《国务院办公厅关于促进房地产市场平稳健康发展的通知》（国办发〔2010〕4号）和《国务院关于坚决遏制部分城市房价过快上涨的通知》（国发〔2010〕10号），要求坚决遏制部分城市房价上涨过快、促进房地产市场平稳健康发展。根据相关要求，与普通商品房有关的供地政策和信贷政策相继收紧，商品房市场有效需求受到遏制。同时，明确提出保障性安居工程的建设目标，政府对于保障性住房供应的主导性进一步加强。然而，此轮住房市场调控并未达到预期的效果，部分城市商品房价格依然居高不下。因此，从2011年年初开始，部分城市陆续推出更为严格的商品房“限购”政策，在强大的政策压力下，商品房市场价格有所下降。2014年中央经济工作会议提出：准确把握经济发展新常态，房地产投资相对饱和，房地产出现结构性、区域性过剩，房地产风险等正在显露。2015年中央经济工作会议主基调是供给侧结构性改革，要求去产能、去库存、去杠杆、降成本、补短板；化解房地产库存、提高城镇化发展质量，发展住房租赁市场。2018年政府工作报告指出，要坚持房子是用来住的，不是用来炒的定位，落实地方主体责任，继续施行差别化调控，建立健全长效机制，促进房地产市场健康平稳发展。

总的来说，我国城市居民已经基本接受了住房是一种商品的概念，也接受了通过个人住房抵押贷款、住房公积金等金融工具购买或租赁住房，以此解决个人的住房问题或改善住房条件。

3.2 我国住房市场的发展现状

伴随着住房价格的起伏和市场环境的变化，从1998年到现在，我国房地产市场经历了促进房地产市场发展（1998—2003年），抑制投资过热、稳定住房价格、调整供给结构（2003—2007年），关注住房民生构建住房保障体系（2007—2008年），鼓励住房消费、稳定市场信心（2008—2009年），遏制房价过快上涨、增加保障性住房和普通商品住房供给、打击投资和投机购房需求（2009年至今）的发展过程。以下从房地产投资情况、房地产开发情况和房地产销售情况方面分析我国住房市场的发展现状。

3.2.1 房地产投资情况

1998年住房制度改革以来，我国房地产开发投资规模迅速增加。2000年以来，我国房地产开发投资额年均增长20.9%~30.3%。虽然2009年房地产开发投资额增速放缓，但随着国家经济刺激计划的实施，2010年房地产开发投资增长态势迅速恢复，当年全国房地产开发投资额达到48 259.4亿元（其中商品住宅开发投资额达到34 026.2亿元）。随后房地产开发投资增长速度趋于放缓，2019年全国房地产开发投资额达到132 194.3亿元。商品住宅开发投资额占房地产开发投资额的比重由1999年的33.3%上升至2019年的73.4%。

近年来，我国房地产开发投资占GDP的比重呈稳步上升态势。1998年房地产开发投资占GDP的比重为4.3%，2003年占比为7.5%，2019年这一比重已上升为13.3%，房地产业对GDP的贡献度在逐年增加。另外，房地产开发投资占全社会固定资产投资的比重基本呈现出逐年上升的态势。房地产及住宅开发投资情况如图3-1所示。

1998—2019年GDP、全社会固定资产投资、房地产及住宅开发投资情况见表3-1。

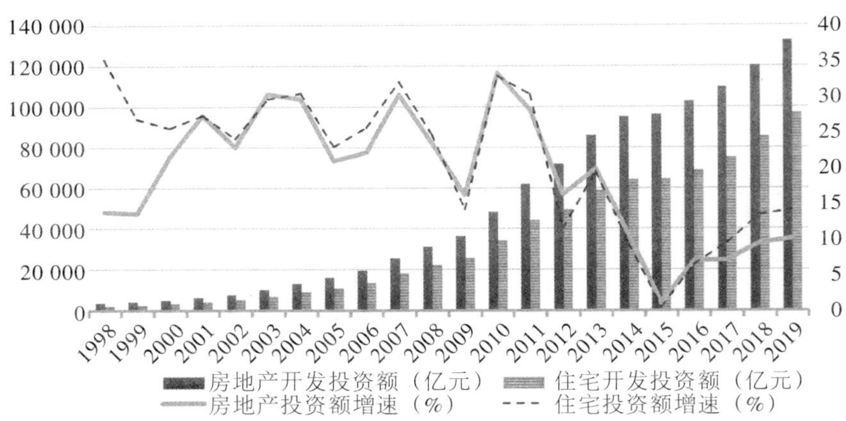

图 3-1 房地产及住宅开发投资情况

表3-1 1998—2019年GDP、全社会固定资产投资、房地产及住宅开发投资情况

时间	GDP（亿元）	全社会固定资产投资额（亿元）	房地产开发投资额（亿元）	其中：住宅开发投资额（亿元）	房地产投资额增速（%）	住宅投资额增速（%）	住宅开发投资额占房地产开发投资额比重（%）	房地产开发投资占GDP比重（%）	房地产开发投资占全社会固定资产比重（%）
1998	85 195.5	28 406.2	3 614.2	2 081.6	13.7	35.2	57.6	4.2	12.7
1999	90 564.4	29 854.7	4 103.2	2 638.5	13.5	26.8	64.3	4.5	13.7
2000	100 280.1	32 917.7	4 984.1	3 312.0	21.5	25.5	66.5	5.0	15.1
2001	110 863.1	37 213.5	6 344.1	4 216.7	27.3	27.3	66.5	5.7	17.0
2002	121 717.4	43 599.9	7 790.9	5 227.8	22.8	24.0	67.1	6.4	17.9
2003	137 422.0	55 566.6	10 153.8	6 776.7	30.3	29.6	66.7	7.4	18.3
2004	161 840.2	70 477.4	13 158.3	8 837.0	29.6	30.4	67.2	8.1	18.7
2005	187 318.9	88 773.6	15 909.3	10 860.9	20.9	22.9	68.3	8.5	17.9
2006	219 438.5	109 998.4	19 422.9	13 638.4	22.1	25.6	70.2	8.9	17.7
2007	270 092.3	137 323.9	25 288.8	18 005.4	30.2	32.0	71.2	9.4	18.4
2008	319 244.6	172 828.4	31 203.2	22 440.9	23.4	24.6	71.9	9.8	18.1
2009	348 517.7	224 598.8	36 241.8	25 613.7	16.1	14.1	70.7	10.4	16.1

续表

时间	GDP（亿元）	全社会固定资产投资额（亿元）	房地产开发投资额（亿元）	其中：住宅开发投资额（亿元）	房地产投资额增速（%）	住宅投资额增速（%）	住宅开发投资额占房地产开发投资额比重（%）	房地产开发投资占GDP比重（%）	房地产开发投资占全社会固定资产比重（%）
2010	412 119.3	278 121.9	48 259.4	34 026.2	33.2	32.8	70.5	11.7	17.4
2011	487 940.2	311 485.1	61 796.9	44 319.5	28.1	30.3	71.7	12.7	19.8
2012	538 580.0	374 694.7	71 803.8	49 374.2	16.2	11.4	68.8	13.3	19.2
2013	592 963.2	446 294.1	86 013.4	58 950.8	19.8	19.4	68.5	14.5	19.3
2014	643 563.1	512 020.7	95 035.6	64 352.2	10.5	9.2	67.7	14.8	18.6
2015	688 858.2	561 999.8	95 978.9	64 595.2	1.0	0.4	67.3	13.9	17.1
2016	746 395.1	606 465.7	102 580.6	68 703.9	6.9	6.4	67.0	13.7	16.9
2017	832 035.9	641 238.4	109 798.5	75 147.9	7.0	9.4	68.4	13.2	17.1
2018	919 281.1	645 675.0	120 164.8	85 124.0	9.4	13.3	70.8	13.1	18.6
2019	990 865.1	560 874.3	132 194.3	97 070.8	10.0	14.0	73.4	13.3	23.6

数据来源：作者根据相关资料整理。

3.2.2 房地产开发情况

从图3-2可以看出，1998年至今，我国房地产开发活动中的商品住宅新开工面积、竣工面积均呈逐年增长态势，但不同年度之间的增长率存在一定差异。2004年，全国商品住宅新开工面积和竣工面积增速受2003年房地产调控政策影响有所放缓。2008年，商品住宅新开工面积和竣工面积增速分别为6.2%和9.0%，受金融危机影响较其他年份有所放缓。2010年，全国商品住宅新开工面积129 359.31万平方米，同比增长38.7%；竣工面积63 443.1万平方米，同比增长6.4%（见表3-2）。2012年，受国家宏观政策的影响，全国商品住宅新开工面积增速放缓。2015年全国商品住宅新开工面积和竣工面积增速出现负增长，分别为-14.6%和-8.8%。

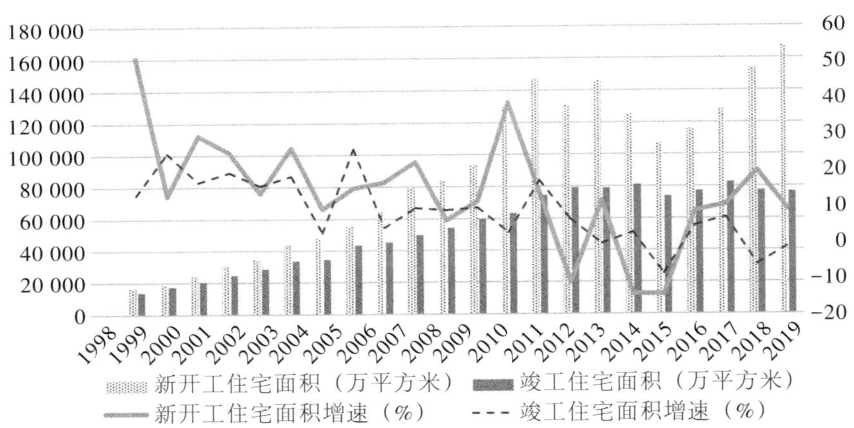

图3-2 新开工住宅面积、竣工住宅面积及增速

表3-2 **房地产开发新开工住宅面积、竣工住宅面积及增速**

时间	新开工住宅面积（万平方米）	竣工住宅面积（万平方米）	新开工住宅面积增速（%）	竣工住宅面积增速（%）
1997	10 996.64	12 464.70	—	—
1998	16 637.50	14 125.70	51.3	13.3
1999	18 797.94	17 640.67	13.0	24.9
2000	24 401.15	20 603.32	29.8	16.8
2001	30 532.72	24 625.40	25.1	19.5
2002	34 719.35	28 524.70	13.7	15.8
2003	43 853.88	33 774.61	26.3	18.4
2004	47 949.01	34 677.18	9.3	2.7
2005	55 185.07	43 682.85	15.1	26.0
2006	64 403.80	45 471.75	16.7	4.1
2007	78 795.51	49 831.35	22.3	9.6
2008	83 642.12	54 334.10	6.2	9.0
2009	93 298.41	59 628.71	11.5	9.7

续表

时间	新开工住宅面积（万平方米）	竣工住宅面积（万平方米）	新开工住宅面积增速（%）	竣工住宅面积增速（%）
2010	129 359.31	63 443.10	38.8	2.7
2011	147 163.11	74 319.05	13.76	17.14
2012	130 695.42	79 043.20	−11.19	6.36
2013	145 844.8	78 740.6	11.6	−0.4
2014	124 877.0	80 868.3	−14.4	2.7
2015	106 651.3	73 777.4	−14.6	−8.8
2016	115 910.6	77 185.2	8.7	4.6
2017	128 097.8	82 525.2	10.5	6.9
2018	153 485.4	77 331.7	19.8	−6.3
2019	167 463.4	76 426.5	9.1	−1.2

数据来源：作者根据相关资料整理。

3.2.3 房地产销售情况

从表3-3可以看出，1998—2003年，商品住宅销售额和平均销售价格逐年稳步增加。2003年以后，商品住宅销售额和平均销售价格保持较快增长的态势。2008年，房地产市场出现了调整，商品住宅销售出现小幅度下滑。下滑趋势在2009年开始好转，2009年商品住宅销售面积达到86 184.89万平方米。2010—2019年商品住宅销售额及销售价格仍保持了上涨的态势。

表3-3　**商品住宅销售额、销售面积及平均销售价格**

时间	商品住宅销售额（亿元）	商品住宅销售面积（万平方米）	商品住宅平均销售价格（元/平方米）
1998	2 006.87	10 827.10	1 853.56

续表

时间	商品住宅销售额（亿元）	商品住宅销售面积（万平方米）	商品住宅平均销售价格（元/平方米）
1999	2 413.73	12 997.87	1 857.02
2000	3 228.60	16 570.28	1 948.43
2001	4 021.15	19 938.75	2 016.75
2002	4 957.85	23 702.31	2 091.72
2003	6 543.45	29 778.85	2 197.35
2004	8 619.37	33 819.89	2 548.61
2005	14 563.76	49 587.83	2 936.96
2006	17 287.81	55 422.95	3 119.25
2007	25 565.81	70 135.88	3 645.18
2008	21 196.00	59 280.35	3 575.55
2009	38 432.90	86 184.89	4 459.35
2010	44 120.65	93 376.60	4 725.00
2011	48 198.42	96 528.41	4 993.17
2012	53 467.18	98 467.51	5 429.93
2013	67 694.9	115 722.7	5 850.00
2014	62 411.0	105 187.8	5 933.00
2015	72 769.8	112 412.3	6 473.00
2016	99 064.2	137 539.9	7 203.00
2017	110 239.5	144 788.8	7 614.00
2018	126 374.1	147 759.6	8 553.00
2019	139 440.0	150 144.3	9 287.00

数据来源：作者根据相关资料整理。

1998—2019年商品住宅销售额及销售价格如图3-3所示。

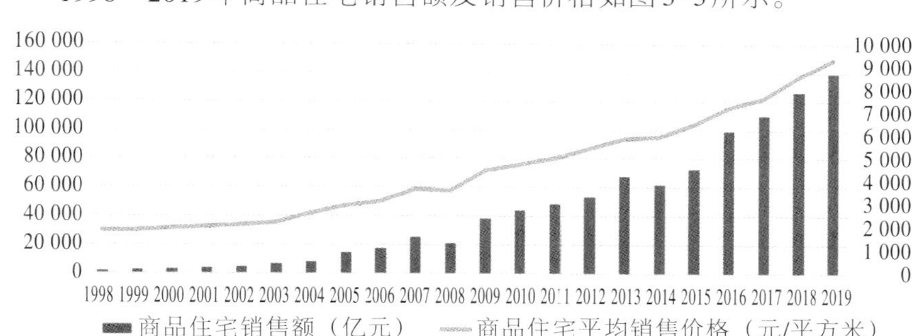

图3-3　商品住宅销售额及平均销售价格

从表3-4和图3-4可以看出，1998—2019年住宅新开工面积、竣工面积、销售面积、平均销售价格增速情况，与宏观调控形势呈现基本一致的变动趋势。

表3-4　住宅新开工面积、竣工面积、销售面积、平均销售价格增速

时间	住宅新开工面积增速	住宅竣工面积增速	住宅销售面积增速	住宅平均销售价格增速
1998	51.3%	13.3%	37.7%	3.6%
1999	13.0%	24.9%	20.0%	0.2%
2000	29.8%	16.8%	27.5%	4.9%
2001	25.1%	19.5%	20.3%	3.5%
2002	13.7%	15.8%	18.9%	3.7%
2003	26.3%	18.4%	25.6%	5.1%
2004	9.3%	2.7%	13.6%	16.0%
2005	15.1%	26.0%	46.6%	15.2%
2006	16.7%	4.1%	11.8%	6.2%
2007	22.3%	9.6%	26.5%	16.9%
2008	6.2%	9.0%	-15.5%	-1.9%
2009	11.5%	9.7%	45.4%	24.7%
2010	38.8%	2.7%	8.0%	5.9%

续表

时间	住宅新开工面积增速	住宅竣工面积增速	住宅销售面积增速	住宅平均销售价格增速
2011	13.76%	17.14%	3.38%	5.68%
2012	-11.19%	6.36%	2.01%	8.75%
2013	11.6%	-0.4%	17.5%	7.7%
2014	-14.4%	2.7%	-9.1%	1.4%
2015	-14.6%	-8.8%	6.9%	9.1%
2016	8.7%	4.6%	22.4%	11.3%
2017	10.5%	6.9%	5.3%	5.7%
2018	19.8%	-6.3%	2.1%	12.3%
2019	9.1%	-1.2%	1.6%	8.6%

数据来源：作者根据相关资料整理。

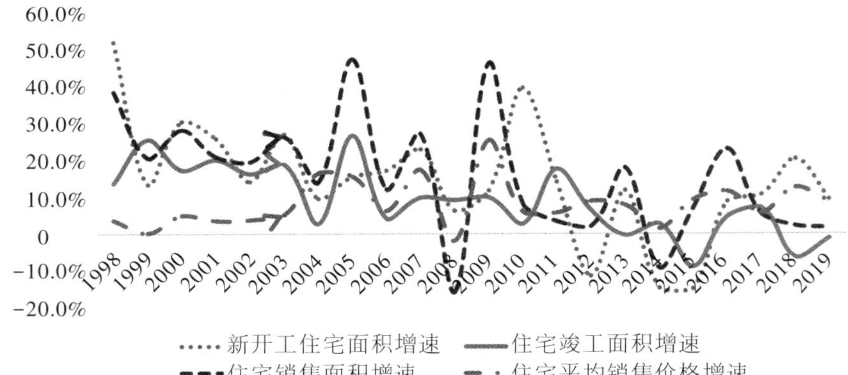

图 3-4 住宅新开工面积、竣工面积、销售面积、平均销售价格增速

3.2.4 房价收入比

房价收入比是衡量居民购房负担能力的重要指标，是房价与家庭平均年收入的比值。从表 3-5 可以看出，深圳、上海、北京等经济发达地区的房价收入比较高，乌鲁木齐、长沙等城市房价收入比相对较低。

表3-5 **35个大中城市房价收入比及排名**

城市	2017年	排名	2018年	排名	2019年	排名	城市	2017年	排名	2018年	排名	2019年	排名
深圳	34.9	1	34.2	1	35.2	1	芜湖	8.4	32	11.6	26	12.2	23
三亚	25.4	3	29.8	2	27.6	2	大连	9.5	23	11.1	27	12.1	25
上海	26.2	2	26.1	3	25.1	3	济南	8.5	30	11.1	28	11.0	29
北京	23.0	4	25.4	4	23.9	4	南通	8.8	26	11.1	29	13.1	19
厦门	22.7	5	22.5	5	22.8	5	南昌	9.2	24	11.0	30	10.9	30
福州	13.7	8	20.4	6	19.9	6	重庆	8.8	27	10.8	31	10.1	34
杭州	11.3	16	18.1	7	17.7	7	西安	8.1	34	10.6	32	10.6	32
广州	10.2	20	17.5	8	16.5	9	青岛	7.3	39	10.6	33	9.7	41
珠海	17.3	6	16.9	9	16.7	8	徐州	8.3	33	10.5	34	10.8	31
石家庄	11.5	15	16.6	10	16.0	10	成都	8.1	35	10.3	35	10.0	39
东莞	13.9	7	14.8	11	15.0	12	日照	6.6	43	10.3	36	10.5	33
南京	13.1	9	15.6	12	15.4	11	金华	6.8	42	10.2	37	10.1	38
太原	12.3	12	14.6	13	14.1	14	宜昌	7.0	40	9.9	38	9.2	42
海口	13.0	10	14.6	14	14.0	15	昆明	8.7	28	9.8	39	10.1	37
天津	12.8	11	14.5	15	13.5	17	哈尔滨	9.2	25	9.7	40	10.1	35
合肥	11.2	17	13.8	16	13.7	16	无锡	6.9	41	9.5	41	10.1	36
郑州	11.6	14	13.5	17	12.9	20	兰州	8.0	36	9.4	42	9.7	40
苏州	11.7	13	13.4	18	15.0	13	惠州	10.6	18	9.1	43	9.1	43
南宁	9.6	22	12.3	19	12.8	21	贵阳	6.5	44	8.7	44	8.2	46
武汉	7.8	38	12.2	20	11.3	28	洛阳	6.2	48	8.3	45	8.9	44
宁波	9.9	21	12.1	21	13.2	18	沈阳	6.3	45	8.0	46	8.7	45
温州	10.4	19	12.1	22	12.2	24	韶关	6.3	46	7.7	47	7.7	47
扬州	7.9	37	12.0	23	12.2	22	烟台	6.3	47	7.5	48	7.7	48
佛山	8.4	31	11.9	24	11.8	26	乌鲁木齐	6.2	49	7.4	49	7.4	49
莆田	8.5	29	11.9	25	11.7	27	长沙	6.0	50	5.8	50	6.4	50

数据来源：作者根据相关资料整理。

从图3-5可以看出，我国房价收入比一直处于波动状态，2018年开始超过8。按照国际惯例，房价收入比在3~6之间较为合理，目前我国房价收入比相对偏高。

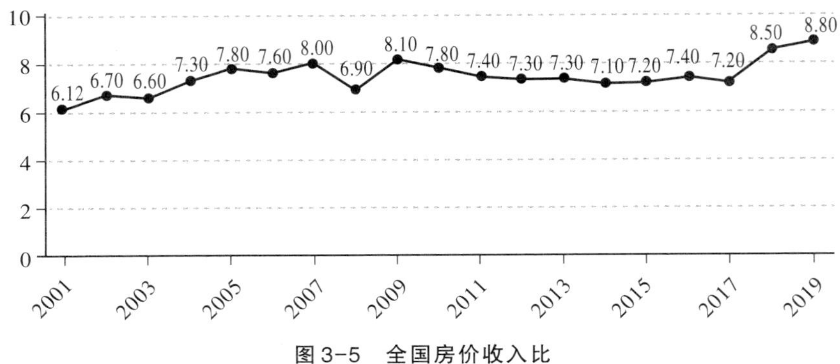

图 3-5 全国房价收入比

数据来源：作者根据相关资料整理。

3.3 我国居民消费的发展现状

3.3.1 我国居民消费发展与经济增长

自改革开放以来，我国居民消费伴随着经济的发展而变化。从图3-6可以看出2000—2019年我国居民消费总额及其同比增长情况。

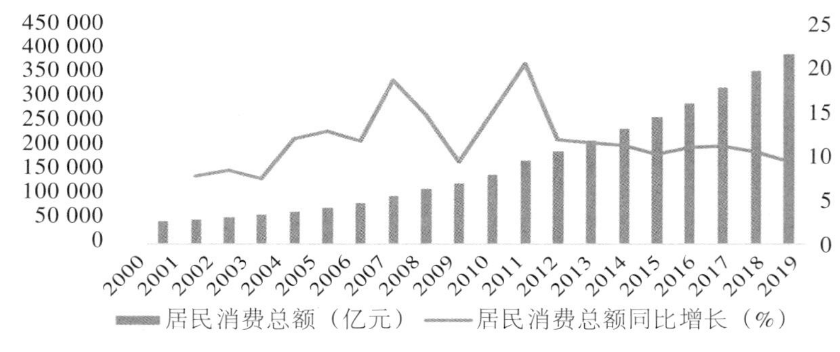

图 3-6 我国居民消费总额及其同比增长情况

数据来源：作者根据相关资料整理。

我国与其他国家固定资本形成率的比较如图3-7所示。从图中可以看出我国固定资本形成总额处于波动状态，1999年以后高于其他国家的固定资本形成总额。固定资本形成总额高，说明我国经济增长对投资过于依赖，如果外部宏观环境产生变化，固定资产投资一旦减少，会对经济增长产生较大影响。

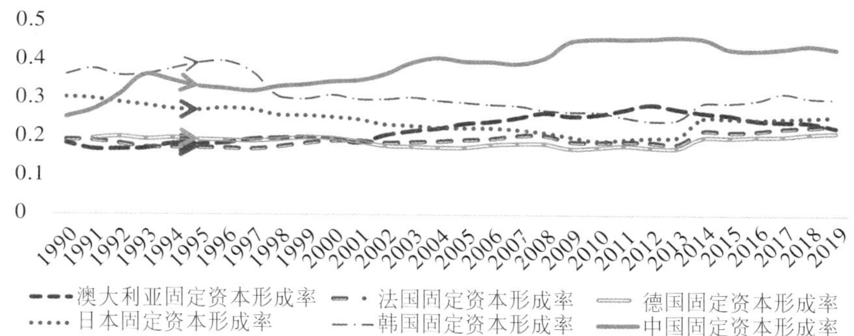

图3-7　我国与其他国家固定资本形成率的比较

数据来源：国家统计局网站，经整理得到。

从图3-8可以看出，我国居民消费率呈波动状态，整体处于0.5以下，低于其他国家的居民消费率。

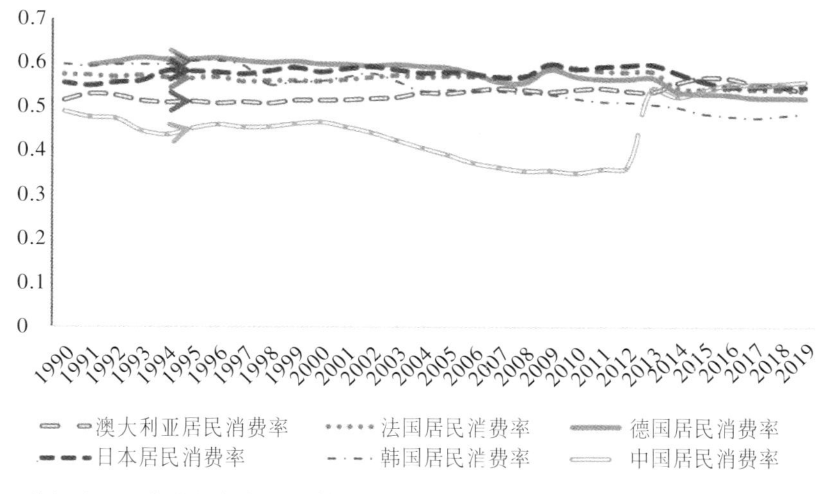

数据来源：作者根据相关资料整理。

图3-8　我国与其他国家的居民消费率的比较

3.3.2　我国居民消费的城乡差异

恩格尔系数是指食品消费总额占个人消费支出总额的比重，恩格尔系数如果越低说明越富裕，越高说明越贫穷。图3-9为我国城镇居民和农村居民恩格尔系数的变动趋势。随着我国经济的快速发展和人民生活水平的提高，2019年我国城镇和农村家庭恩格尔系数分别下降到27.6%

和30.0%，这意味着我国城镇和农村居民生活水平已分别进入相对富裕和小康水平。

我国城镇居民和农村居民消费水平[①]差异如图3-10所示。总体上看，我国城镇居民与农村居民人均消费支出的差距仍然较大。

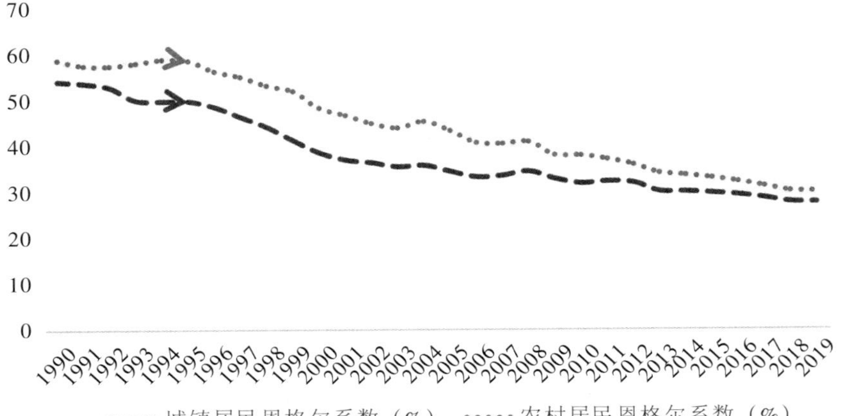

图3-9 我国城镇居民恩格尔系数与农村居民恩格尔系数比较

数据来源：作者根据相关资料整理。

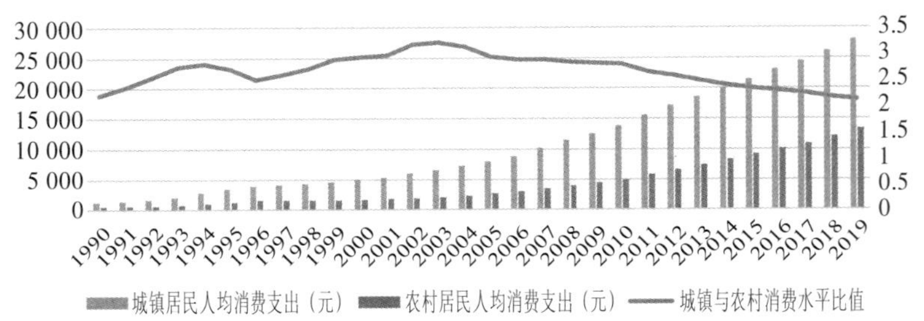

图3-10 我国城市消费水平和农村消费水平差异

数据来源：国家统计局网站，经整理得到。

3.3.3 我国居民消费结构变化

随着经济的快速发展和收入水平的提高，居民消费结构发生了不同程度的改变。

---

① 城镇居民消费水平是指城镇居民消费额与城镇人口的比值，农村居民消费水平是指农村居民消费额与农村人口的比值。数据来自中经网数据库。

图3-11和图3-12为我国城镇居民和农村居民平均每人每年支出结构的比例。

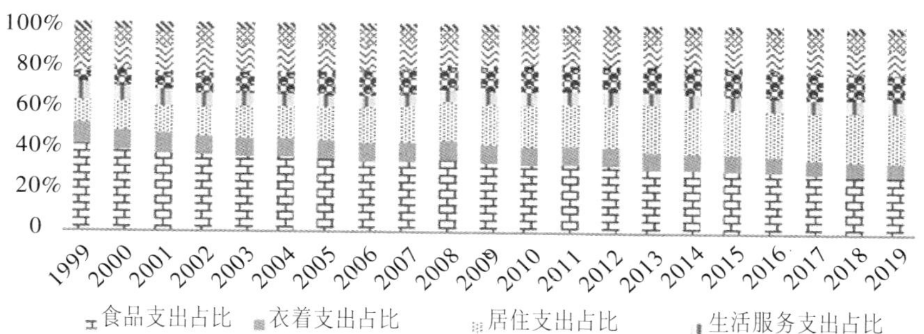

图3-11 我国城镇居民平均每人每年支出结构比例

数据来源：国家统计局网站，经整理得到。

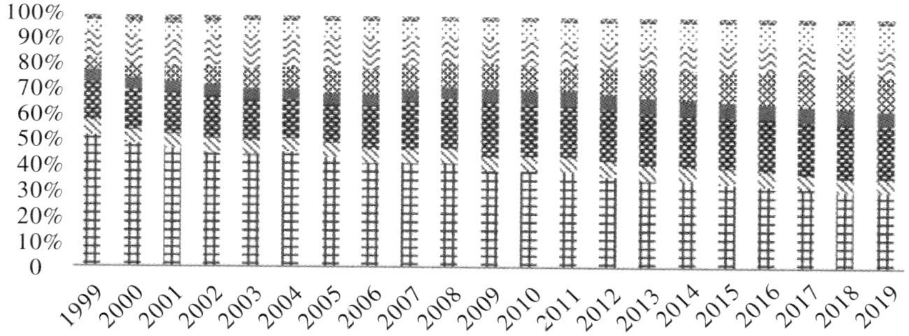

图3-12 我国农村居民平均每人每年支出结构比例

数据来源：国家统计局网站，经整理得到。

3.3.4 不同收入阶层消费结构差异

改革开放以来，我国收入分配制度经历了多次改革，形成了以按劳分配为主，多种分配方式并存的收入分配格局。与此同时，长期积累形成的我国收入分配失衡问题导致我国城乡之间、行业之间收入差距不断扩大。从表3-6可以看出，1978年城镇居民家庭人均可支配收入为343.4元，2019年达到42 359元；1978年我国农村居民家庭人均纯收入为133.6元，2019年为16 021元，城镇居民家庭人均可支配收入的增长速度要明显高于农村居民家庭人均纯收入的增长速度。

表3-6 我国城镇和农村居民人均可支配收入情况

指标	1978年	1985年	1992年	1998年	2003年	2012年	2019年
城镇居民家庭人均可支配收入（元）	343.4	739.1	2 026.6	5 425.1	8 472.2	24 564.7	42 359
农村居民家庭人均纯收入（元）	133.6	397.6	784	2 162.0	2 622.2	7 916.6	16 021
城镇居民家庭恩格尔系数（%）	57.5	53.3	53	44.7	37.1	36.2	27.6
农村居民家庭恩格尔系数（%）	67.7	57.8	57.6	53.4	45.6	39.3	30.0

数据来源：作者根据相关资料整理。

从表3-7可以看出，2002年城镇人均最高收入组居民人均收入为20 208.4元，最低收入组居民人均收入为2 527.7元，两者的比值为7.99，2005年达到最高的9.25。自2009年后这一比值有所下降。农村人均最高收入组居民人均收入和农村人均最低收入组居民人均收入的比值由2002年的6.88上涨至2019年的8.46。

表3-7 我国城镇和农村最高收入组和最低收入组人均收入情况 金额单位：元

年份	城镇人均最高收入组居民人均收入	城镇人均最低收入组居民人均收入	农村人均最高收入组居民人均收入	农村人均最低收入组居民人均收入	城镇人均最高收入组居民人均收入/农村人均最高收入组居民人均收入	城镇人均最低收入组居民人均收入/农村人均最低收入组居民人均收入	城镇人均最高收入组居民人均收入/城镇人均最低收入组居民人均收入	农村人均最高收入组居民人均收入/农村人均最低收入组居民人均收入
2002	20 208.4	2 527.7	5 895.6	857.1	3.43	2.95	7.99	6.88
2003	23 484.0	2 762.4	6 346.9	865.9	3.70	3.19	8.50	7.33
2004	27 506.2	3 084.8	6 930.7	1 006.9	3.97	3.06	8.92	6.88
2005	31 237.5	3 377.7	7 747.4	1 067.2	4.03	3.17	9.25	7.26
2006	34 834.4	3 871.4	8 474.8	1 182.5	4.11	3.27	9.00	7.17
2007	40 019.2	4 604.1	9 790.7	1 346.9	4.09	3.42	8.69	7.27
2008	47 422.4	5 203.8	11 290.2	1 499.8	4.20	3.47	9.11	7.53
2009	51 349.6	5 950.7	12 319.1	1 549.3	4.17	3.84	8.63	7.95
2010	56 435.2	6 703.7	14 049.7	1 869.8	4.02	3.59	8.42	7.51
2011	64 460.7	7 819.4	16 783.1	2 000.5	3.84	3.91	8.24	8.39
2012	69 877.3	9 209.5	19 008.9	2 316.2	3.68	3.98	7.59	8.21

数据来源：作者根据相关资料整理。

3.4 我国住房价格持续上涨与居民消费率低的原因分析

3.4.1 我国住房价格持续上涨的原因分析

1998年住房制度改革以来，我国住房市场快速发展，人们居住水平不断提高。随着房地产市场的快速发展，特别是2003年以来，住房价格上涨过快已经成为了社会普遍关注及政府调控的突出问题。1998—2019年，我国住房价格总体上涨了4.77倍，住房价格年平均增长为8.74%，城镇居民家庭人均可支配收入年均增长8.07%。[①]对“十二五”期间住房价格增长率和城镇居民家庭人均可支配收入进行比较，可以看出我国重点城市住房价格的上涨速度已经超过了GDP和人均可支配收入的上涨速度，导致居民住房的可支付性不断下降。

导致我国住房价格持续上涨的原因有以下几点：

（1）住房需求和供给结构的不均衡

从住房需求方面来说，城市化进程中涌入的大量人口使得城市住房市场需求旺盛，客观存在的投资需求进一步增加了城市住房市场的总体需求。住房结构需求方面，相关调查显示，现阶段希望购买中小户型（90平方米以下）住房的居民家庭比例达到70%左右，中小户型住房潜在需求较大。二手住房以及政策性住房的需求逐年上升。从住房供给方面来说，新建住房市场的供给量呈逐年减少的趋势，供给结构逐渐向中小户型倾斜。

1999—2019年，全国商品住宅销售面积占开工面积的比例总体呈逐年上升趋势，2016年达到最高值118.7%，2008年这一比例稍有所下降[②]，2019年商品住宅销售面积为15 0144.3万平方米，开工面积为16 7463.4万平方米，商品住宅销售面积与开工面积的比是89.7%，而2000年这一比值是67.9%%（见表3-8）。总体来看，我国房地产市场成熟度较低，住房供给结构与住房需求的匹配程度不均衡，使得很多中低收入群体购房的需求仅靠住房市场化不能得到满足，这在

① 作者根据相关资料计算所得。
② 2008年，受金融危机影响，商品住宅销售面积与竣工面积的比例有所下降。

一定程度上加剧了住房市场的两极分化。

表3-8　　2000—2019年商品住宅竣工、销售面积

年份	商品住宅开工面积（万平方米）		商品住宅销售面积（万平方米）		商品住宅销售面积占开工面积的比例
	合计	其中：别墅、高档住宅	合计	其中：别墅、高档住宅	
2000	24 401.2	1 169.1	16 570.3	640.7	0.679
2001	30 532.7	1 456.7	19 938.8	878.2	0.653
2002	34 719.4	2 278.2	23 702.3	1 241.3	0.683
2003	43 853.9	2 349.3	29 778.9	1 449.9	0.679
2004	47 949.0	2 975.7	33 819.9	2 323.1	0.705
2005	55 185.1	2 835.0	49 587.8	2 818.4	0.899
2006	64 403.8	4 058.3	55 423.0	3 672.4	0.861
2007	78 795.5	4 914.4	70 135.9	4 581.3	0.890
2008	83 642.1	4 337.0	59 280.4	2 865.3	0.709
2009	93 298.4	3 649.8	86 184.9	4 626.1	0.924
2010	129 359.3	5 080.1	93 376.6	4 219.1	0.722
2011	147 163.1	5 653.0	96 528.4	3 729.9	0.656
2012	130 695.4	4 228.3	98 467.5	3 476.0	0.753
2013	145 844.8	4 454.6	115 722.7	3 632.0	0.793
2014	124 877.0	4 275.0	105 187.8	3 047.4	0.842
2015	106 651.3	3 318.4	112 412.3	3 487.4	1.054
2016	115 910.6	3 662.1	137 539.9	4 470.0	1.187
2017	128 097.8	4 282.7	144 788.8	4 743.4	1.130
2018	153 485.4	5 470.0	147 759.6	4 417.8	0.963
2019	167 463.4	4 227.3	150 144.3	3 909.7	0.897

数据来源：作者根据相关资料整理。

（2）城镇化背景下人口流动加剧住房供给矛盾

住宅是人类生存最基本的物质条件，人口数量在很大程度上决定了居民对住宅的需求数量。从图3-13可以看出，随着城市化进程的加快和社会经济的发展，我国城镇人口总量不断增加。城市化过程中的进城人员和城市间的流动人口将持续带动城市住房市场需求，但某个城市的住房供给能力受制于该城市的土地供给和基础设施承载力，城市住房供给并不能随着人口的增加而盲目扩张，住房需求和住房供给能力之间存在着客观的矛盾。近年来城市的住房供给并不能满足旺盛的住房需求，一定程度上导致了房价的快速上涨。

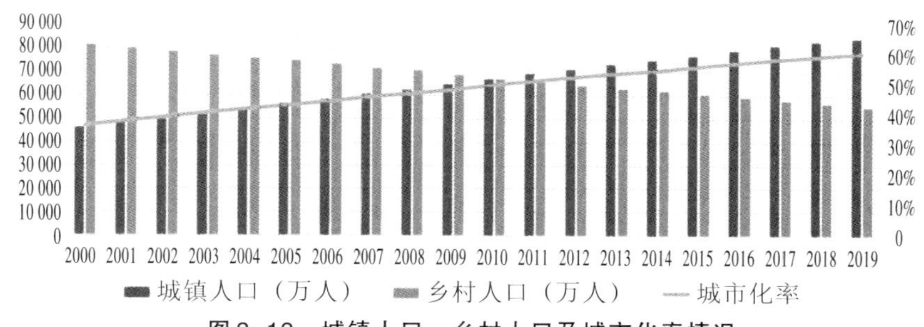

图3-13　城镇人口、乡村人口及城市化率情况

数据来源：作者根据相关资料整理。

（3）预期影响下居民把住房作为积累家庭财富的重要手段

住房的一个重要特征是具有消费品和投资品双重属性，相应地，市场对住房的需求可以分为使用需求和投资需求。一部分购买住房的人是为了满足居住功能，实现使用需求。还有一部分投资者相信房价会持续上涨，把购买住房作为投资增值的手段，不将购买的住房投放到租赁市场，而将其留在住房买卖市场中等待出售，以赚取差价。这部分住房处于闲置状态，没有实现任何人的使用需求。投资需求的增加会增加总需求，推动房价上涨，进而带动租赁市场租金上涨，造成中低收入群体购房和租房困难，抑制了其住房使用需求的实现。

当前我国住房市场上存在着非理性的预期和行为，使用需求受到抑制，原因可以总结为以下几点：

第一，城市化进程加速，潜在住房需求量大。2000年以来，我国城市化率每年以1.35个百分点的速度递增，快速城市化进程中，每年都会有大量农业人口进城，对住房市场形成巨大的潜在需求，成为推动房价上涨的重要动力。基于房价上涨的预期，住房市场上的投资需求增加。

第二，通货膨胀加剧，居民财富缺乏有效的保值增值途径。较长时间以来，流动性过剩和超额外汇储备一直是困扰我国宏观经济的两大难题，二者共同导致了通货膨胀加剧。在高通货膨胀率下，投资者亟须找到财富保值增值的有效途径。但银行存款利率低、股市风险高，这些都不是有效的投资途径。相比之下，近年来住房价格不断上涨，住房升值前景可观，也不需要专业知识和精力，是极佳的投资对象，这进一步刺激了住房市场上的投资需求。

第三，居民的住房观念尚未改变，偏好自有房屋。这一文化特征给了投资者投机的机会，即不再需要将住房出租，逐年获取收益，而只需将其搁置一边，待价格上涨后转手便能获得可观的回报。

在以上因素的推动下，我国住房市场上的投资需求快速增加，推动房价上涨，导致中低收入群体的住房困难问题加剧。在投资者的非理性行为下，大量住房闲置，未能转化为居民的住房使用需求。

3.4.2 居民消费率低的原因分析

关于居民消费率偏低的原因，我国很多学者也进行了研究，总结一下现有的研究，发现我国居民消费率偏低的原因有以下几类：

（1）预防性储蓄和流动性约束

首先，现阶段我国医疗保障体系不是十分完备。就医疗覆盖面来说，还有相当一部分人口没有被纳入到医疗保障体系的范围内，政府对于贫困地区人口的扶持力度较弱，“看病难、看病贵”依然是我国当前医疗体系存在的突出问题。其次，我国城乡之间、不同区域之间的医疗资源、教育资源分配不均等。居民为了应对未来的医疗、子女教育等支出费用，居民家庭会抑制当期消费而增加储蓄。再次，人口老龄化是当前我国面临的一个重要的社会问题。进入20世纪90年代，我国人口的自然增长率持续下降，自1987年第三次人口增长高峰以来，我国人口自然增长率持续下降，从1987年的16.61‰下降到2019

年的3.34‰，老年人口抚养比从1987年的8.3%增长到2019年的17.8%。第七次全国人口普查的结果显示，截至2020年65岁以上老年人口占总人口数的比重达到了13.5%，我国已经逐步进入老龄化社会阶段。为了预防未来养老保障开支和未来的不确定性，居民会降低当期消费增加储蓄。

（2）居民收入差距

居民收入差距逐步扩大是造成我国居民消费率偏低的另一个主要原因。现有研究表明，城镇居民内部收入差距、居民财产分配的不合理会抑制消费需求，进而导致居民消费的不足（杨天宇，2008；陈彦斌，2009）。戴钰（2014）通过spearman秩相关检验，发现我国居民的收入差距与消费需求之间存在负向的相关关系，收入差距的扩大会造成消费需求的降低。居民收入差距过大主要体现在以下方面：

一是不同地区之间居民收入差距过大。由于历史原因形成了我国东部、中部和西部地区经济发展的不平衡，也使其居民收入差距进一步扩大。2019年，东部地区人均可支配收入为39 438.9元，西部地区人均可支配收入为23 986.1元。从省级范围来看，人均可支配收入最高的城市是上海市，为69 441.6元，其次是北京市，人均可支配收入为67 755.9元，最低的是甘肃省，人均可支配收入为19 139元，上海市的人均可支配收入是甘肃省的3.63倍。

二是不同行业之间居民收入差距较大。按照行业的平均工资来划分，2019年城镇单位就业人员平均工资为90 501元。其中，就业人员平均工资最高的行业是信息传输、计算机服务和软件业，为161 352元，最低的是农林牧渔业，就业人员平均工资为39 340元，二者相差4.1倍。

三是城乡之间居民收入差距较大。1978年，城镇家庭人均可支配收入是农村家庭人均可支配收入的2.57倍，2012年这一比值增长到3.1倍，2019年这一比值略有下降，为2.64倍。按照不同收入层级来分，2013年城镇居民家庭最高收入组的人均可支配收入是农村居民家庭低收入组的人均可支配收入的20.07倍，2019年这一比值增长到21.51倍。

不同地区、不同行业和城乡之间的收入差距会进一步导致财富分配的不均衡，随着收入水平的提高，居民的边际消费倾向递减。如果财富过多集中于高收入群体，那么会间接影响社会总消费倾向下降。此外，从我国消费的整体情况来看，1978—2019年我国政府消费占国内生产总值的比重基本保持在13%~17%，而居民消费占国内生产总值的比重从1978年的49%下降到2019年的39%，居民消费包括了农村消费和城镇消费，农村消费占国内生产总值的比重从1978年的30%下降到2019年的8%，城镇消费占国内生产总值的比重从1978年的18%增长到2019年的31%，这也印证了我国城乡差距呈扩大的趋势。总消费包括了居民消费和政府消费。1978—2019年，政府消费占总消费的比重呈逐年上升的趋势，从1978年的21%增长到2019年的43%，而居民消费占总消费的比重呈逐渐下降的趋势，从1978年的79%下降到2019年的70%（见表3-9）。在我国经济发展中，政府行为在地区发展中的引导作用十分关键，政府支出的不断扩大有可能对私人消费产生挤出效应。

表3-9 **我国各类消费占总消费的比重**

年份	政府消费/国内生产总值	居民消费/国内生产总值	农村消费/国内生产总值	城镇消费/国内生产总值	政府消费/总消费	居民消费/总消费
1978	0.13	0.49	0.30	0.18	0.21	0.79
1979	0.15	0.49	0.31	0.19	0.28	0.76
1980	0.15	0.51	0.31	0.20	0.27	0.78
1981	0.15	0.52	0.32	0.20	0.25	0.78
1982	0.15	0.52	0.32	0.20	0.25	0.78
1983	0.14	0.52	0.32	0.20	0.26	0.78
1984	0.15	0.51	0.31	0.19	0.30	0.77
1985	0.14	0.52	0.31	0.21	0.28	0.78
1986	0.14	0.50	0.29	0.21	0.27	0.78
1987	0.14	0.50	0.28	0.22	0.26	0.78
1988	0.13	0.51	0.27	0.24	0.25	0.80
1989	0.14	0.51	0.26	0.25	0.26	0.79
1990	0.14	0.49	0.24	0.25	0.27	0.78
1991	0.15	0.48	0.23	0.25	0.29	0.76

续表

年份	政府消费/国内生产总值	居民消费/国内生产总值	农村消费/国内生产总值	城镇消费/国内生产总值	政府消费/总消费	居民消费/总消费
1992	0.15	0.47	0.21	0.26	0.32	0.76
1993	0.15	0.44	0.19	0.26	0.33	0.75
1994	0.15	0.43	0.18	0.26	0.32	0.75
1995	0.13	0.45	0.18	0.27	0.29	0.77
1996	0.13	0.46	0.19	0.27	0.28	0.77
1997	0.14	0.45	0.18	0.27	0.30	0.77
1998	0.14	0.45	0.17	0.29	0.33	0.76
1999	0.15	0.46	0.16	0.30	0.35	0.75
2000	0.16	0.46	0.15	0.31	0.36	0.75
2001	0.16	0.45	0.14	0.31	0.36	0.74
2002	0.16	0.44	0.14	0.31	0.36	0.74
2003	0.15	0.42	0.12	0.30	0.36	0.74
2004	0.14	0.41	0.11	0.30	0.36	0.74
2005	0.14	0.39	0.11	0.28	0.37	0.73
2006	0.14	0.37	0.10	0.27	0.39	0.73
2007	0.13	0.36	0.09	0.27	0.40	0.73
2008	0.13	0.35	0.09	0.27	0.41	0.73
2009	0.13	0.35	0.08	0.27	0.42	0.73
2010	0.13	0.35	0.08	0.27	0.42	0.73
2011	0.13	0.36	0.08	0.28	0.44	0.73
2012	0.13	0.36	0.08	0.28	0.45	0.73
2013	0.16	0.36	0.08	0.28	0.44	0.69
2014	0.16	0.37	0.08	0.29	0.43	0.70
2015	0.16	0.38	0.08	0.30	0.43	0.70
2016	0.16	0.39	0.08	0.30	0.42	0.70
2017	0.16	0.39	0.08	0.30	0.42	0.70
2018	0.17	0.39	0.08	0.30	0.43	0.70
2019	0.17	0.39	0.08	0.31	0.43	0.70

数据来源：统计局网站，经整理后得到。

（3）高房价或为导致我国居民低消费率的原因

近年来，住房价格的持续上涨也是居民消费率偏低的一个重要因素。由于人民生活水平的逐步提高，居民对住房的需求逐渐从公有住房向私有住房，从基本性住房向改善性住房过渡。高涨的住房价格有可能使得我国居民住房成本增加，消费能力有可能受到抑制，影响正常的消费行为。居民拥有住房的状态可分为两种：一是已经拥有住房的居民；二是没有住房的居民。

首先，由于住房价格的升高，导致无房的居民会增加储蓄，减少消费。对已经拥有住房的居民来说，房价上升会减缓这类居民改善性住房的需求。

其次，由于住房价格的不断上涨，以及居民对住房资产升值保值性的预期，使得居民偏好于把住房资产作为家庭财富积累的重要工具，这在一定程度上也会促使居民家庭减少或减缓对其他消费需求的支出。

最后，由于近年来我国物价水平持续上升，居民物价指数（CPI）同比增长率持续上涨，通货膨胀压力增大，2019年居民物价指数同比上涨了2.9%，而银行一年期存款利率仅为1.5%，这种负利率的状态持续存在。同时，居民财产性收入持续增长，2019年城镇居民人均可支配财产性收入占总收入的10.37%，仅比上年同期增长了9个百分点，2019年农村居民人均可支配财产性收入占总收入的2.35%，较上年同期增长了10.3个百分点。以上这些因素都促使我国居民更偏好以住房作为积累财富的重要手段，近年来房价的持续走高，使得居民在购买住房时，通常要透支未来数年的消费能力，这也是我国消费率偏低的一个重要因素。

3.4.3 文化视角：我国住房价格持续上涨与居民消费率低的矛盾产生原因

（1）传统文化消费观

纵观我国经济思想史的研究，儒家的传统消费观念至今在我国居民消费观念中根深蒂固。孔子最核心的消费观是“黜奢崇俭”，“俭，德之共也；侈，恶之大也”[①]，孔子认为节俭是有德之人共同的品质，奢侈是最邪恶的品质。在孔子看来，虽然节俭会令人感到寒酸，但是为了遵从道德规范约束，宁可节俭，也要符合礼的道德规范，奢侈消费会刺激人们的消费欲望，会不恭顺，所以孔子主张“礼，与其奢也，宁俭”[②]，即宁可节俭也不奢侈。此外，孔子还倡导以“礼”为主导的等级消费观念，他认为“可也，未若贫而乐，富而好礼者也”[③]。孔子对财富的观点是“富与贵，是人之所欲也，不以其道得之，不处也”[④]，这意味着财富是每个人都追求的，只要不违背道义，都是合理的行为。儒家崇尚节俭的思想对我国后期消费文化的形成有着非常重要的里程碑意义。

以老子为代表的道家思想对消费观念也主张去奢从俭，无欲无求。老子认为天下最大的祸患莫过于不知足，过高的欲望会招来灾祸，应该知足常乐。在老子看来，耳目愉悦、美食丰腴都会使人沉醉于物质享受，所以老子倡导“是以圣人去甚，去奢，去泰”[⑤]，即圣明之人应该顺其自然，摒弃过分、奢侈的行为。老子强调去奢从俭，主张，人民都能安于现在的生活环境，无欲无求。孟子的消费观也主张节俭，所谓“是故贤君必恭、俭、礼下”[⑥]。孟子认为“贵，人之所欲”[⑦]，人对于富贵的追求是一种本能，孟子支持众人追求基本物质生产资料，认为只有在满足众人基本生产资料的前提下，施以仁政才是立国之道。但孟子反对过度追求物质生产资料，要兼顾道德修养，主张“穷则独善其身，达则兼济天下”[⑧]，修心养性最好的方式是减少欲望，所谓“养心莫善于寡欲”[⑨]。荀子的消费观也强调节俭有度，体现在社会生产方面要“强本而节用，则天不能贫”[⑩]。意思是说，在加强生产的同时要节约有度，那么老天也不能使人贫穷。荀子对财富的理解是基于孔孟思想，

---

① 出自《左传·庄公二十四年》。
② 出自《论语·八佾》。
③ 出自《论语·学而》。
④ 出自《论语·五则》。
⑤ 出自《道德经·二十九章》。
⑥ 出自《孟子·滕文公上》。
⑦ 出自《孟子·万章上》。
⑧ 出自《孟子·尽心上》。
⑨ 出自《孟子·尽心下》。
⑩ 出自《荀子·天论》。

提出“欲者，情之应也”[①]，他既反对“寡欲论”，认为不符合人的本性，人们应该有追求财富的欲望，所谓“人之情，食欲有刍豢，衣欲有文绣，行欲有舆马”[②]。同时，荀子主张用礼仪道德约束来调节人们的欲望，财富的分配不主张平均分配，而是主张有差异的等级财富分配。在我国传统的思想文化中，我国先秦时期的儒家文化消费思想观在个别观点上有所差异，但这些消费文化中的共性就是主张在遵守礼节基础上的黜奢崇俭，“俭”意味着节用，反对浪费和奢侈。一方面，节俭能够促进储蓄，扩大生产物质资料的再生产，实现荀子所提出的“强本”；另一方面，节俭能够对个人的物质欲望有所节制，有助于积累财富，历史经验表明成由勤俭败由奢，节俭对我国消费文化的影响是根深蒂固的，这在一定程度上也可以解释我国一直以来储蓄率较高的原因。

此外，学者叶世昌（2005）研究了在清末以前也有一些崇奢的消费观，主要包括管子主张“兴时化若何？莫善于侈靡”[③]，认为过度节俭对国家发展不利；魏源认为禁奢崇俭适合于帝王和贫民，不适合于富人。所谓“禁奢崇俭，美政也……可以训贫，不可以规富”[④]；谭嗣同和梁启超都曾提出反崇俭论，他们认为崇俭不利于经济发展。这些反崇俭理论作为不同的消费观存在，影响的深度和广度远远不及传统的文化。

发展到近代我国经历了漫长的自给自足时期，由于在我国发展生产力初期生产生活资料相对匮乏，以及封建社会对消费文化的影响，使得节俭的思想体现得更加强烈，而且无论任何时期人们对居所的需求一直是家庭消费的重要内容，这一点从我国近代各个时期经典的私人园林、风格迥异的建筑物就可以看出。

西方国家消费文化的形成与我国有所不同，西方传统文化起初也是反对过度消费，但由于西方国家生产力的快速发展，欧洲社会发展开始走向资本主义，依靠侵略扩张，快速积累国家的资本财富，随后古典主义经济学家亚当·斯密、大卫·李嘉图等提倡节俭才是推动生产力发展

---

① 出自《荀子·正名》。
② 出自《荀子·荣辱》。
③ 出自《管子·侈靡》。
④ 出自《默觚下·治篇十四》。

的重要力量。正是我国和西方国家不同的历史文化背景造就了中西方在消费观念上的差异。受我国传统文化的影响，节俭的消费观根深蒂固地影响着居民的行为——偏好储蓄。在西方国家发展初期，由于生产资料的丰富，人们所形成的消费观更加看重经济效益的实现，这在一定程度上也能解释我国当前消费率较低的原因。

（2）财富的代际转移和代际遗赠效应

最早的孝道记载出现在《尚书》中，即“克谐以孝”[①]。儒家文化中孔子仁义为本、孝悌为先等观念已经融入到当今社会。在儒家文化中，孔子仁义为本的基本出发点也是孝道。曾子是倡导孝道最好的践行者。曾子认为赡养父母是基本层级的孝顺，从内心到精神尊重父母才是大孝。孟子对于孝道的论述是基于孔子“孝悌是仁之本”的思想，他从家庭角度出发，认为“天下之本在国，国之本在家，家之本在身”[②]，家庭是国兴之根本，“事，孰为大？事亲为大”[③]。延伸到家庭伦理中则是“老吾老，以及人之老；幼吾幼，以及人之幼”[④]。此外，《论语·为政》中“扬名声，显父母，光于前，裕于后”，在儒家文化中子女能够有所作为，能够光宗耀祖是孝道的最高层级。在封建时代，经济和社会关系基本上是世代相承的，一个人的成功需要几代人的努力，传统文化中只有积累财富，提高家族社会地位。儒家这种孝道文化强调亲子关系和家庭关系，尊老爱幼是儒家崇尚的道德标准，如今已经内化到代际传承的价值观。在传统文化中，孝道体现了一种伦理道德规范，也在微观层面上体现了一种代际传递的契约关系。

来自英国和日本Ozaki的数据（2002）显示，文化价值如个人的生活空间安排会对房价产生影响。Stoykova（2011）在关于保加利亚房地产状况的研究中，证实了在房价上涨的过程中，外部需求是短期因素，由于房屋购买行为造成了人口迁移，因此外部购房需求可作为影响房地产价格的决定因素。他主要研究了宏观经济变量是如何影响住房价格的，并试图找到办法来解释世界各地房地产价格存在的动态的普遍性。

① 出自《尚书·尧典》。
② 出自《孟子·离娄上》。
③ 出自《孟子·离娄上》。
④ 出自《孟子·梁惠王上》。

在生存文化中，人们强调成本作为选择住房安排的首要特性，而在自我表达文化中，人们热衷于发展和表达与他们的住房安排有关的个人价值观（Harris和Young，1983）。由此可知，文化价值是影响住房价格波动的一个因素。此外，经济的发展也会影响房地产价格。Polina和Linjie（2013）测试和验证了生存价值与自我表达的文化内涵会影响房地产价格，他们以30个国家作为样本进行研究，结果显示文化价值可作为住房价格长期的决定因素。

国内外也有一些学者研究了代际遗赠对于财富效应的影响。Barro（1968）在迭代模型中证明存在利他主义动机和代际间的收入遗传效应。Murie和Forrest（1980）讨论了住房继承在一定程度上是代际之间不平等的重要因素。王劲松（2002）论述了收入代际转移的四种模型，分别是利他主义模型、交换模型、自我中心主义模型和非预期遗产模型。其中，利他主义模型和交换模型是当前研究的热点。利他主义模型是指父母对子女的收入转移完全出于父母对子女的关心，在有能力的情况下父母会对子女进行经济支持。交换模型是指父母对子女的关心出于在他们年老时要想获得子女的照顾和关心，收入转移是对子女照顾父母的回报。贾俊雪等（2011）基于儒家传统的思想框架，研究了我国社会保障对经济增长的作用机理。一方面，利己主义动机促进了家庭养老保障机制的完善；另一方面，利他主义动机促使父母愿意为子女留下更多财产。这两个方面的动机通过物质资本和人力资本机制对我国社会保障的经济增长产生作用。孙涛和黄少安（2011）讨论了儒家文化、代际支持对我国居民消费、储蓄习惯的影响，实证检验结果表明当前我国养老制度模式不完善。

贫富差距的代际遗赠也是近年来学者们关注的热点问题，长期贫困问题在世界范围内一直存在，主要特征就是贫困从上一代转移到子女的身上，是一种恶性的传递链。贫困的代际遗赠主要是因为先赋性条件（如家庭条件、社会地位、物质条件）较差，父母没有收入代际转移给后代财产或者遗产，后代依靠后致性条件（通过自身的努力、能力），要么摆脱贫困，要么无法摆脱贫困。美国人类学家刘易斯提出的“贫困文化理论”，通过对墨西哥贫民窟的研究，发现长期处于贫困中的人形成了一种特定的生活习惯或价值观念，如屈从感、不愿意规划未来、没有实现理想的能力等，这种价值观一旦形成会代代相传。而富裕的家庭，父母通过收入代际转移给子女的财富越多，后代就越具有好的先赋性条件，如较高的社会地位、物质基础的初始禀赋。通过后致性条件，如个人的努力和接受良好的教育，子女会比同等条件的贫困群体获取更高的成就，这就是造成贫富差距的“马太效应”。

我国面临人口老龄化趋势，家庭作为社会和组织的基本方式，受儒家传统思想的影响，父母对子女有很强的利他主义动机，这样的动机会促使父母增加储蓄，为子女留下更多的财富。这种财富不仅有资金的转移，还有住房资产的转移。住房资产作为家庭资产中最重要的组成部分，有房家庭和无房家庭的代际转移对后代来说影响很大。有房家庭通过代际遗赠，将住房资产留给子女，会比无房家庭的子女获得更高的利益。住房的代际转移会进一步加大“马太效应”，让富者越富，贫者越贫。当前，我国没有实施遗产税和财产税的征收，居民家庭对住房的持有成本较低，这也增加了当前家庭对拥有住房的需求。住房的代际转移效应可以在一定程度上解释我国住房价格持续高涨而居民消费偏低的原因。

3.5 本章小结

本章首先回顾了我国住房市场的发展历程，分析了当前我国住房市场的供需关系，我国房地产市场的快速发展主要依赖于住房需求的拉动，刚性需求是住房价格持续上涨的主要动因。同时，对我国居民的消费结构、城乡差异以及不同收入层级的居民消费水平进行了研究，从宏观层面上描述了住房价格和居民消费的现状，解释了我国住房价格持续上涨而居民消费偏低的可能原因，并从文化视角来分析二者之间的矛盾，传统的儒家消费观和财富的代际转移在一定程度上可解读我国高房价低消费的现象。

4 住房价格对居民消费影响的传导机制研究

本章通过借鉴居民效用最大化理论来分析住房价格对居民消费的传导因素，通过文献的梳理和总结，提出住房价格对居民消费影响传导机制的框架和传导路径，为后文实证分析奠定理论基础。

在宏观经济框架体系下，住房价格是由住房需求和住房供给因素共同决定的。而住房价格会间接影响住房消费、医疗、教育等其他消费的中间变量，进一步影响居民总消费，居民消费和储蓄之和为居民收入，居民消费支出和政府消费支出共同构成了总消费支出，消费、投资和出口三个变量共同作用于经济增长，住房价格对居民消费的影响最终传导到对经济增长的影响。住房价格、居民消费与经济增长关系的逻辑框架如图4-1所示。

按照传统的经济学原理分析住房价格上涨对居民消费的传导途径，具体表现为：首先，住房价格上涨会直接影响住房相关产业的发展，进而使得相关产业的从业人员的收入增加，促进消费增加，在一定的投资和出口条件下，总体经济会增长。其次，住房价格上涨会导致住房相关

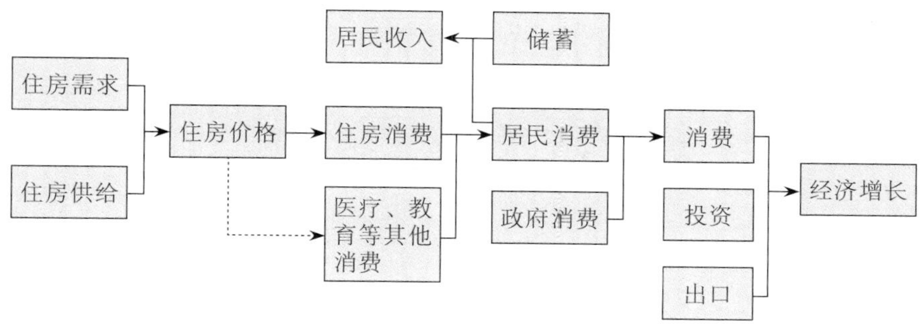

图4-1 住房价格、居民消费与经济增长关系的逻辑框架

产业发展的繁荣，大量资本会涌向房地产业，而与住房相关的竞争实体产业的发展会相对萎缩，这有可能导致居民消费水平降低。最后，住房价格上涨对净居民收入的影响是不确定的，对居民消费的影响也是不确定的。

从微观角度来分析住房价格对居民消费的影响，具体情况如下：第一种情况是居民家庭没有自有住房，租赁住房的家庭面临住房价格上涨时会有两种反应。当租赁住房的家庭有意愿购买住房时，会因住房价格上涨而减少消费；当租赁住房的家庭没有意愿购买住房时，住房价格上涨不会影响居民消费。第二种情况是居民家庭只拥有一套住房。当住房价格上涨时，居民的净财富会增加，但是这种净财富是隐性的，对居民消费的作用是不确定的。第三种情况是居民家庭拥有两套及以上的住房。当住房的属性是以投资为主时，住房价格上涨会增加居民的净财富；当在其他条件不变时，住房价格上涨会促进居民消费。

4.1 住房价格对居民消费影响的传导机制的研究基础

Ludwig和Slok（2001）研究了16个经合组织国家的股票价格、住房价格对居民消费的影响。住房价格对居民消费的影响机制可分为以下传导途径：一是已实现的财富效应。已实现的财富效应是指对住房所有者来说，住房价格的升高会导致净财富的增加，进而增加当期的消费。如果住房价格上涨后居民进行了再融资抵押或者出售住房，所实现的收益必然会对私人消费产生积极的作用。二是未实现的财富效应。未实现的财富效应是指住房价格上涨后住房所有者没有再融资或者出售住房，财富效应折现值的增加可能会对居民消费产生积极的影响。三是替代效应。替代效应是指正准备购买住房的家庭因住房价格的上涨会增加首付款和未来贷款，进而降低当期消费。因此，当住房价格上涨时，居民如果不想面临更高的贷款，只能选择更小的房子或者降低私人消费。四是预算约束效应。预算约束效应是指租房者因住房价格上涨而对私人消费产生负向影响。当住房价格上涨时，租房者受到预算约束的限制会减少私人消费，所产生的资本损失由租房者来承担。五是流动性约束效应。流动性约束效应是指住房价格变化需要居民通过信贷市场获取贷款，由于信贷约束或者金融系统不能支持居民获取贷款，因此他们将不能响应更高的房价。

另外，Mark（2010）从微观层面研究了新西兰家庭支出与住房价格波动的关系，主要是基于三种途径进行传导：第一种途径是住房价格通过财富效应渠道传导到居民消费，房价上涨会导致居民家庭财富增加，进而增加居民消费支出或者减少预防性储蓄；第二种途径是住房价格通过抵押品效应渠道传导到居民消费，房价上涨导致居民消费上涨这不仅是财富效应，还因为借贷约束可以平滑到整个生命周期，住房价值的提高可获得更高的抵押贷款，进而促进居民消费水平；第三种途径是住房价格和居民支出共同作用的影响。以上两种观点是当前比较主流的观点。

国内学者严金海和丰雷（2012）研究了我国住房价格变化对居民消费的影响，把住房价格对消费影响的作用机制分为财富效应、收入效应和担保效应。杜莉（2010）研究住房价格对居民消费的影响，建立租房和自有房两阶段家庭动态最优消费模型，把财富效应、抵押信贷效应和购房支出压力效应纳入统一的理论框架中。胡晶晶（2012）认为住房价格的提高对居民消费的传导机制主要是通过财富的分配效应、挤出效应和通货膨胀效应实现的。

4.2 住房价格对居民消费影响的因素分析

4.2.1 住房价格对居民消费影响的外部因素

住房价格的变动趋势是住房需求和住房供给共同作用的结果。如果住房市场主要是以需求拉动为主，那么受外部因素的冲击，住房价格波动会对居民消费产生影响，这种外部因素的冲击主要包括经济因素、人口因素和制度因素。

（1）经济因素

经济因素主要是指货币政策、信贷政策、政府的调控措施等外部的宏观经济政策，经济因素的冲击使得住房价格产生波动，进而对居民消费产生影响。我国在住房市场快速发展的过程中，经济因素对住房价格的影响作用不容忽视。国内外学者们运用各种计量方法研究了货币政策对住房价格的传导机制和影响作用，其成果非常丰富。从理论上来说，住房价格上涨会增加居民获取住房的成本。也就是说，当贷款利率下降，放松信贷约束时，会促进住房消费；当贷款利率上升时，会增加住房消费成本，抑制住房消费。

（2）人口因素

人口因素是影响住房价格变动非常重要的因素之一。从宏观角度来说，由于城镇化进程的加快，农村人口向城市大量转移，对城市住房需求的增加影响了住房价格的变动。从微观角度来说，人口因素对住房价格的影响体现在以下方面：一是人口结构的变化。1949年至今，我国经历了3次生育高峰期，1949—1954年，我国人口出生率一直保持在36‰~38‰，第一次生育高峰期是1962—1965年，人口出生率的最高点出现在1963年，为43.6‰，1965年之后我国人口出生率一直下降，第二次生育高峰期是1981—1983年，第三次生育高峰期是1985—1990年，这两次高峰期我国的人口出生率均保持在20‰~24‰，如果按照我国人口的适婚年龄（25岁左右），将生育高峰期向后推25~30年，近似可以推出住房需求的高峰期。二是家庭结构的变化。自实行计划生育改革以来，我国家庭结构规模有持续缩小的趋势，每个家庭的平均人口数由2000年的3.44人减少至2019年的2.62人。在已有的研究文献中，国内外学者们对人口结构与居民消费之间的相关性进行了研究，深入了解了人口结构变化对住房价格的影响，以及对居民消费的影响。

（3）制度因素

制度因素对住房价格的影响主要体现在：一是预防性储蓄对住房价格的影响。预防性储蓄是指由于未来的不确定性可能导致消费水平下降而进行的储蓄。理论上，对租房者和房屋所有者来说，住房价格的上涨会增加其住房消费的成本，进而挤占其他消费。二是文化因素对住房价格的影响。文化因素是指居民对拥有住房所有权的偏好，以及通过代际遗赠的方式将住房资产留给下一代。从代际遗赠的角度来观察住房价格上涨对居民消费的影响，这与预防性储蓄的情况基本相同，即居民的住房消费会挤占其他消费。在定量考察中，预防性储蓄与代际遗赠对住房价格的影响，可以通过我国住房收入分配的差距体现出来。

4.2.2 住房价格对居民消费影响的中间变量

（1）财富效应和挤出效应

财富效应是住房价格对居民消费影响的基本渠道。财富效应是由于家庭资产的升值使得资产持有人总资产增加，进而增加在家庭生命周期中平滑各个时期消费水平。由于住房资产的非流动性，住房资产比金融资产的上涨或下跌更温和。住房价格持续上涨使得居民消费预期上升，通过变现住房资产来实现对居民消费的正向作用（Engelhardt，1996）。有的学者在研究财富效应时，指出住房价格的上涨会带来财富效应的增加。当进行改善性住房选择时，住房财富的增值部分会因获取改善性住房成本的上涨，而使二者之间相互抵消，即未兑现的财富效应，对自有住房者来说，住房价格的上涨会带来财富效应的增加，实际上只是一种幻觉（Meyer和Sinai，2007）。从获取住房服务的属性不同，可将住房选择划分为租赁住房和自有住房。对自有住房者来说，住房价格的上涨会对其消费产生财富效应；对租赁者来说，住房价格的上涨则意味着住房成本的提高，对住房消费以外的其他消费产生挤出效应。

（2）抵押效应

住房价格会对居民消费产生影响的另一个重要原因是，由于住房资产可以通过抵押的方式获取贷款进行消费。对购买住房的家庭来说，当住房投资数额较大时，居民会以借贷的途径获取资金购买住房。如果住房价格上涨，则意味着居民可以通过住房抵押获取更高的贷款额度。此外，放松信贷约束会促进居民消费。关于住房价格对居民消费产生的抵押效应也有两种观点：一种观点是住房价格通过金融加速器的作用来增加家庭的融资能力，进而对居民消费产生正向作用（Aoki，2004；Iacoviello，2005；邓建和张玉新，2011）；另一种观点是抵押效应在房价与消费关系中作用不显著（胡永锋，2013），或者成立的前提条件是，只有在较为发达的信贷市场中抵押效应才存在（Case，2005；Calza，2007）。

国内外学者们关于住房价格对居民消费影响作用的研究是存在一定差异的。其中，最重要的原因是西方国家可以将住房作为一种抵押资产进行再抵押，这一点与我国有很大的区别。在国外，居民可以用现有的住房权益作为资产担保进行再抵押，住房价格的上涨或者下跌会对家庭的借贷能力产生影响。如果住房价格上涨，居民会因住房财富的增加，使家庭资产负债表得到改善，进而增加居民的当期消费，这种放大的作用也会反映到宏观经济中，即所谓的金融加速器作用。在我国，住房抵押信贷起步较晚，且不成熟，以住房抵押获得的信贷多数为短期贷款，其利率比正常贷款利率要有一定程度的上浮。

4.2.3 住房价格对居民消费作用的微观主体影响因素

（1）租买选择

住房价格对租买选择不同的家庭的消费影响具有一定的差异性（Sheiner，1995）。理论上，对租赁住房者来说，如果住房价格上涨会提高租金价格，那么租金的上涨就会使得居民消费增加，在收入一定的情况下，居民会减少除居住以外的其他消费。对自有住房者来说，住房价格与居民消费的关系也存在两种情况：一种是以满足自身居住需求的住房。对于拥有一套住房的家庭，当住房价格上涨时，虽然名义上家庭的财富总量增加了，但是因为住房是必需品，不能通过出售房屋获取增值部分，所以预算曲线和无差异曲线的焦点都保持不变，住房价格上涨对这类家庭的影响只会提高居民的心理预期，鼓励居民扩大支出。另一种是拥有两套或者两套以上住房的家庭，除了满足自己居住需求外，还会通过出租或出售获利，对这类家庭来说，住房价格上涨最直接的效应就是家庭财富的增加，即预算约束线的上移。对支付能力较强的家庭来说，住房价格的上涨对消费起到财富效应的作用，无论是否变现，住房以外的商品消费量都将增大。对准备购买住房的家庭来说，当住房价格上涨时，家庭面临预算约束线的斜率绝对值变大，对这类家庭来说，住房价格的上涨表现为挤出效应。

（2）年龄结构

20世纪90年代，国外学者就开始利用微观数据研究不同年龄阶段家庭消费对住房价格波动的响应情况（Campbell和Cocco，2004；Ermisch，1996）。在人的一生中，因为居民中青年时期的消费较其他时期高，所以通常会透支老年时期的储蓄和财富。根据跨期消费理论，中青年时期的居民通常会通过信贷的方式进行住房消费。理论上，如果居民在中青年时期购买住房，则会挤占其他消费，居民收入的增加会用于偿还住房消费。从改善住房需求方面来考虑，在居民中年时期，如果住房价格的上涨会增加住房财富，提升居民消费水平，那么在居民老年时期，住房价格的上涨会对居民消费产生两种影响：一种是以代际遗赠的方式将住房传给下一代；另一种是通过养老地产（老年人将自有住房进行反向抵押贷款，以获取自身所需的养老服务和养老金），来促进居民消费的增加。近年来，我国关于养老地产的研究处于起步和探索阶段。以上的解释前提是假设家庭只拥有一套住房，如果家庭没有自有住房，或者拥有多套住房，住房价格的上涨或者下跌对居民不同年龄阶段的消费影响是值得进一步论证的。

（3）收入水平

居民对住房需求的选择有两种路径：一种是没有住房，准备购买住房的；另一种是已经持有住房，要进行住房更换的。由于居民消费普遍存在棘轮效应，因此房价的波动是在需求和供给的共同作用下形成的，不同收入层次的居民对住房消费决策的影响是不同的。理论上，如果低收入层次的居民是以租赁住房作为住房消费的，住房价格的上涨会使其拖延或者降低购买住房的意愿。如果是拥有了一套住房的家庭，则会出现两种情况：一是当住房价格上涨时，这类家庭会拖延或者放弃对改善性住房的需求；二是住房价格的上涨会挤占其他消费。对拥有两套及以上住房的家庭，即对拥有投资和消费双重属性的家庭来说，受预期影响会提高家庭消费水平。从租买选择不同的视角来考虑，在租赁住房、仅有一套住房和拥有两套及以上住房的家庭中，住房价格对家庭消费的影响是值得进一步论证的。

4.3 住房价格对居民消费影响的传导路径

图4-2为住房价格对居民消费的传导路径。在宏观层面上，经济因素、人口因素和制度因素等外部因素的变化和冲击会对住房价格产生影响，这种影响会进一步影响居民的消费行为。在微观层面上，居民的收入层级、年龄和租买选择的差异也会对住房价格产生影响。在外部因素和个体因素的共同作用下，住房价格通过财富效应和抵押效应作用于居民消费。

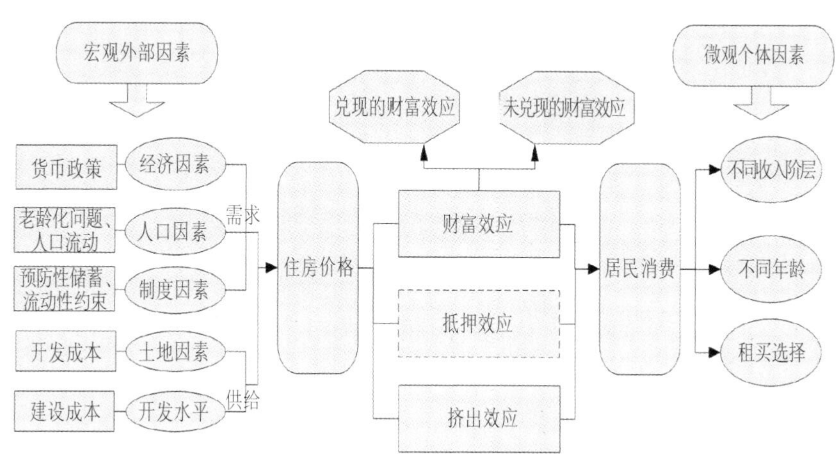

图4-2 住房价格对居民消费的传导路径

4.3.1 传导路径1：住房价格因货币政策对居民消费影响的传导路径

在货币政策因素的冲击下，住房价格对居民消费的影响可以分解为两个环节：一是货币政策对住房价格的影响；二是住房价格对居民消费的影响。货币政策对房地产市场的传导机制主要是指中央银行运用货币政策工具影响房地产价格，进而借助房地产价格的波动对居民行为产生影响，最终实现货币政策目标的过程。从原理上来分析住房价格通过货币政策传导对居民消费的影响，可以通过住宅市场的四象限模型来解释。四象限模型（如图4-3所示）可以将住宅市场分为物业市场（存量市场）和资产市场（新建住房市场），第一象限为物业市场，横轴代表住房存量（S），纵轴代表租金（R），向右下方倾斜表示在其他条件（如家庭数量、家庭收入等）不变的情况下住房需求量（D）与租金（R）的关系。第二象限代表的是租金与房价（P）的关系，i代表的是资本化率（即租售比），资本化率为外生变量。第三象限代表的是增量市场（资产市场），纵轴为新开发建设量（C），横轴为房价（P），住宅价格越高，代表的住宅开发建设量越大。第四象限代表的是住宅存量（S）与新开发建设量（C）的关系。一般情况下，当货币政策变化时，如利率下降，居民购买住房的成本也会下降，在租金不变的情况下则会导致房价上涨，第二象限价格-租金曲线向下移动，由S_0移动到S_1，住房价格上涨会导致开发商增加供给，即开发商会增加住房存量的供给，传导到第一象限为住房的需求量增加，租金下降。当住房需求增加且价格上涨时，对拥有投资属性住房的居民来说，会使其住房消费增加；对拥有消费属性住房的居民来说，会使其住房消费减少，而增加其他消费，以维持原有的效用水平。

4.3.2 传导路径2：住房价格因人口变动对居民消费影响的传导路径

在人口结构的冲击作用下，住房价格对居民消费的影响也可以分解为两个环节：一是人口变动对住房价格的影响；二是住房价格对居民消费的影响。把人口纳入到消费函数中，王金营和付秀彬（2006）是我国

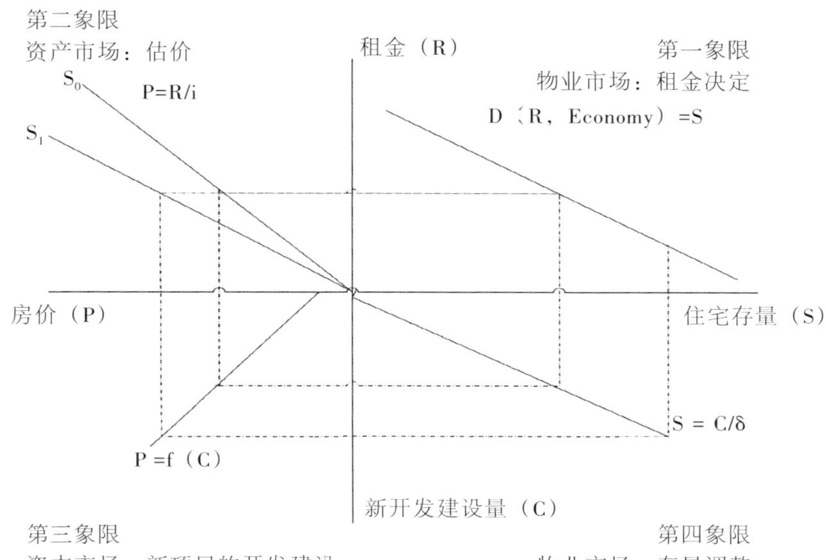

图4-3 货币政策冲击下住房价格对居民消费的影响

最早提出把人口结构变量引入到消费函数的学者。人口结构的变化对住房价格的影响途径是，从生命周期假设出发，人口结构对储蓄率的影响会进一步影响到资本积累和投资，考虑到不同年龄段的居民对住房的偏好，再进一步推断人口结构变化与资产价格的关系。此外，人口结构的变化可能造成劳动力供给对宏观经济的影响，进而影响到资产价格。随着我国人口老龄化的趋势不断加深，全社会对养老、医疗领域和住房的需求也将不断增加，不同年龄结构的住房价格对居民消费行为的影响存在差异性。

4.3.3 传导路径3：住房价格因收入水平对居民消费影响的传导路径

收入因素对居民消费影响的传导机制还可以通过四象限模型来理解，如图4-4所示。收入增加将导致需求曲线上移，在住宅存量一定的情况下，租金上涨对应资产市场上住房价格会上涨，住房价格上涨会增大住宅开发建设量，进一步传导到物业市场，形成新的均衡。租金上涨，对居民消费的影响还取决于第四象限的曲线斜率。如果新建住宅量相对资产价格非常有弹性，那么资产价格的变动会导致新建住宅量发生较大变动，租金上涨幅度较小。因此，对居民消费来说，影响结果取决于住房需求弹性的大小。

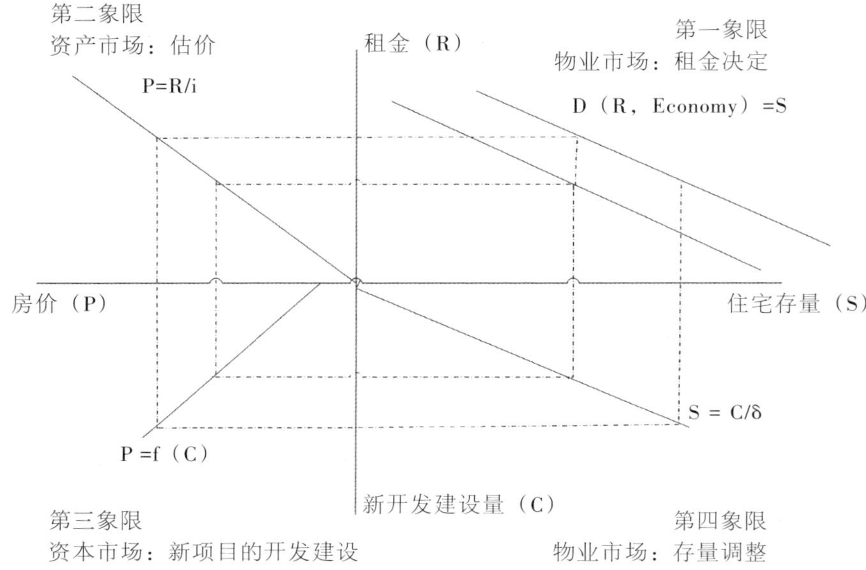

图4-4 住房价格因收入差距对居民消费影响的传导途径

4.4 本章小结

本章主要从外部冲击因素和内在属性特征因素两个角度分析了住房价格波动如何通过财富效应和信贷效应对居民消费行为进行传导，总结了我国住房价格波动对居民消费的影响因素，并建立了住房价格对居民消费的传导路径，从经济学原理上解释了住房价格对居民消费的传导机制，这一部分为后文进行实证分析提供了研究基础。

5 宏观视角：住房价格对我国居民消费影响的实证研究

本章的主要思路是，首先，基于对市场需求现状的分析，来判断我国住房市场的需求弹性，再从全国层面实证分析住房价格对居民消费的影响，然后进一步从住房的信贷约束效应、不同年龄财富效应和不同收入层级对居民财富效应的影响进行实证分析。

5.1 住房财富的边际消费弹性估计

5.1.1 住房是消费属性还是投资属性的判断

Cheng和 Fung（2008）认为住房本身具有双重属性：一是住房作为商品可以获得住房服务的收益流，体现的是住房的消费属性；二是住房作为投资品可以获取资本收益流，体现的是住房的投资属性。住房价格的上涨对消费既有积极的财富效应也有负向作用。积极的财富效应是因为资本收入上升，负向作用是指住房服务成本的增加。尽管大部分的研究是关于房地产市场与居民消费关系的，但是很重要的一点是，无论家庭对住房的用途是自住还是投资，分离出住房资产的双重动机，对于理解住房支出模式对住房市场的影响有重要意义。住房价格是由住房需求和供给共同决定的，在一定时期内，受到开发成本、土地等条件的约束，住房供给的弹性变化相对较小，而住房需求的变化会对住房市场产生更大的冲击。住房需求作为房地产经济学研究的基础，通常采用住房需求弹性来反映家庭住房需求量对住房价格和收入的敏感程度。本章在梳理现有的国内外学者们对住房需求弹性研究成果的基础上，结合我国31个省份的基础数据进行实证研究，试图从区域视角比较研究我国住房需求弹性的差异，研究结果对我国住房市场进行有效供给和政府制定合理的住房政策具有一定的参考意义。

按照影响因素的不同，住房需求弹性可分为住房需求价格弹性（PED）和住房需求收入弹性（IED），即住房消费量的变化对住房价格和收入变化的敏感程度。Houthaker（1951）利用时序数据对电量消费进行回归估计，这是对需求弹性最早的文献。随后很多学者把需求弹性应用到住房领域，不同的实证方法和函数形式使得住房需求弹性的估计结果存在较大差异。DeLeeuw（1971）利用横截面数据对美国住房需求收入弹性进行了较全面的研究，得出自有住房者的需求收入弹性大于租房者的需求收入弹性。Ermisch等（1996）建立Hedonic方程，校正样本选择偏差后得到英国住房的需求价格弹性和收入弹性，分别为0.4和0.5。Tiwari（2000）用离散选择模型对日本住房市场的需求弹性进行估计，结果表明日本自有住房者的收入弹性范围在0.16~0.34，租赁住房者的收入弹性范围在-0.17~-0.57。Fontenla和Gonzalez（2009）利用2002—2004年墨西哥21个地区的样本，通过实证检验测得住房需求价格弹性为-0.3，住房价格对住房需求的解释能力相对较小，永久性住房的需求收入弹性为0.85。Piza等（2011）运用Box-Cox转换模型对巴西10个地区的住房需求收入弹性和价格弹性进行评估，结果显示自有住房的需求价格弹性的绝对值为0.5，估计持久的收入弹性为0.4。

近年来，国内很多学者对住房需求弹性的测度进行了研究。郑思齐（2005）、陈杰（2012）利用微观数据分别估计得到北京和上海的住房需求收入弹性为0.86和0.49。以王金明（2004）、梁云芳（2006）、邹至庄（2010）为代表的一些学者对全国层面的住房需求弹性进行了估计，发现住房需求收入弹性的范围为1~1.7，住房需求价格弹性的范围为-0.3~-0.6。另外，有些学者估计的住房需求价格弹性为正。例如，姜春海（2005）估计我国2000—2004年的住房需求价格弹性的范围为0.9~10.8。张辉（2007）估计2000年我国住房需求收入弹性和价格弹性分别为0.25和0.4。杨东（2013）估计我国近十年的住房需求价格弹性的范围为0~1.4。基于宏观视角，对住房需求弹性的研究存在以下问题：在住房需求量的选取上，有的学者采用的数据是商品房的销售面积，没有剔除办公楼、商业经营用房以及别墅、高档公寓、经济适用房的销售面积，有的住房需求量没有剔除人口变动的影响，这可能会对估计的结果造成一定偏差。从研究的结论上来看，通过不同的计量方法所得到的住房需求弹性结果也是不尽相同的。此外，这些文献基本上是从微观层面或全国层面上进行估计和比较，而从区域层面研究住房需求弹性的文献较少。

鉴于此，本书将尽力弥补以上的不足，先将我国31个省份按照地理区位划分为东部、中部和西部省份[①]，建立住房需求的Hedonic模型，再对我国东部、中部和西部省份的住房需求弹性进行估计和比较，从区域视角研究我国住房需求弹性特征的敏感程度。

（1）实证分析

① 模型的选择

住房需求方程的选择，不同的研究视角所采用的模型和影响因素是有所差异的。从微观视角研究住房需求弹性，通常需要考虑微观个体的特征，如种族、年龄、婚姻、邻里环境、房屋个体特征等。在更复杂的住房需求方程中，还要考虑搬迁成本、家庭偏好和搜寻成本等。由于搬迁成本和家庭偏好通常不能被直接观察到，因此往往忽略这些隐性因素。从宏观视角研究住房需求弹性，通常需要衡量的影响因素包括住房价格、家庭收入、资金成本等。

对Ermisch（1996）的住房需求方程进行调整，考虑数据的可得性，

① 东部省份包括北京、福建、广东、广西、海南、河北、江苏、辽宁、山东、上海、天津、浙江；中部省份包括安徽、河南、黑龙江、湖北、湖南、吉林、江西、内蒙古、山西；西部省份包括甘肃、贵州、宁夏、青海、陕西、四川、西藏、新疆、云南、重庆。

推导出住房需求量Q_H。其住房需求方程为：

$$Q_H = \alpha(P_i^H)^{\lambda} I^{\eta} R^{\tau} \psi \quad \text{（式5-1）}$$

式5-1中，P_i^H为住房服务价格，I为家庭年可支配收入，R为财务成本的利率，ψ为随机扰动项。两边分别取对数得到住房需求弹性的估计方程，即：

$$\ln(Q_H) = \lambda \ln(P_i^H) + \eta \ln(I) + \tau \ln(R) + \psi \quad \text{（式5-2）}$$

式5-2中，λ为住房需求价格弹性，η为住房需求收入弹性。

② 数据来源和变量说明

式5-2中，Q_H为住房需求的总量。对住房需求量的确定，最准确的度量方式是用住房服务来衡量，宏观层面的研究通常可以采用每年住房销售面积来近似得到，为了消除人口变动对住房需求量的影响，本书采用各省份每年城镇人均住房面积（Q），P为住宅商品房的年平均销售价格，I为年人均可支配收入，R为中国人民银行5年期的贷款利率，ψ是随机扰动项，所有取值用居民物价指数（CPI）进行平减，目的是减少通货膨胀对模型估计结果真实性的影响，数据均来自《统计年鉴》《政府工作报告》《国民经济与社会发展统计公报》。本章所选用的数据样本是1999—2019年我国31个省份的年度数据，按照区域将我国31个省份划分为东部、中部和西部省份三类，数据均来自各年的《统计年鉴》和中宏数据库，计量工具采取Eviews6.0。变量的基本统计描述见表5-1。

表5-1 **变量的定义和数据描述**

变量	含义	均值	最大值	最小值	标准差
LNQ	人均住房面积的对数	7.03	8.63	5.43	0.87
LNP	平均住房价格的对数	7.90	9.08	6.62	0.59
LNI	人均可支配收入的对数	9.30	10.17	8.41	0.46
LNR	贷款利率的对数	1.78	2.06	1.59	0.13

（2）实证检验

对方程中的各变量进行单位根检验，检验变量人均住房面积（Q）、平均住房价格（P）、人均可支配收入（I）、贷款利率（R）的稳定性，这是进行面板数据分析的基础。本章采用了LLC检验、Breitung检验和Fisher-ADF检验方法，为保证变量的平稳性，将各变量取对数，进行一阶差分，单位根检验的结果均满足一阶单整I（1）。在用面板模型检验和估计之前，需要对模型的形式进行设定。模型采用不同的形式将直接影响模型的具体估计结果。对于单方程Panel Data模型有变系数模型、变截距模型和不变系数模型三种情形：

变系数模型：

$$y_{it}=\alpha_i+x_{it}\beta_i+\upsilon_{it} \quad i=1, \cdots, n \quad t=1, \cdots, T \qquad （式5-3）$$

变截距模型：

$$y_{it}=\alpha_i+x_{it}\beta+\upsilon_{it} \quad i=1, \cdots, n \quad t=1, \cdots, T \qquad （式5-4）$$

不变系数模型：

$$y_{it}=\alpha+x_{it}\beta+\upsilon_{it} \quad i=1, \cdots, n \quad t=1, \cdots, T \qquad （式5-5）$$

为了确定解释变量y_{it}的参数是否对所有个体截面都是一样的，需要检验F统计量分别服从相应自由度下的F分布，即：

$$F_2=\frac{(S_3-S_1)/[(n-1)(K+1)]}{S_1/[nT-n(K+1)]}\sim F[(n-1)(k+1), n(T-k-1)] \qquad （式5-6）$$

$$F_1=\frac{(S_2-S_1)/[(n-1)K]}{S_1/[nT-n(K+1)]}\sim F[(n-1)k, n(T-k-1)] \qquad （式5-7）$$

其中，N=31，k=3，T=14，S_1=3.84，S_2=9.12，S_3=25.74，经计算得到F_1=14.74，F_2=4.74。F在95%显著性水平下的估计值f_2（120，310）=1.275，f_1（90，310）=1.306，由于F_2>1.275、F_1>1.306，均拒绝H_2假设，因此面板模型应采用不变参数模型。进一步对我国东部、中部和西部省份的住房需求弹性系数进行估计，结果见表5-2。

表5-2 **面板模型回归结果**

变量	全国	东部省份	中部省份	西部省份
C	-0.002^{*}	-5.879^{***}	-3.394^{**}	-3.114^{***}
	（0.109）	（0.690）	（0.503）	（0.769）
LNP	0.079^{***}	-0.073^{***}	0.135^{***}	0.372^{***}
	（0.056）	（0.094）	（0.076）	（0.110）
LNI	0.891^{***}	1.509^{***}	1.285^{***}	1.092^{***}
	（0.041）	（0.137）	（0.098）	（0.147）

续表

变量	全国	东部省份	中部省份	西部省份
LNR	0.0416***	0.358***	-1.420	-1.649***
	(0.022)	(0.065)	(0.116)	(0.159)
R^2	1.000	0.831	0.954	0.918
调整后的 R^2	0.453	0.719	0.629	0.599
F 统计量	120.49	33.675	71.656	70.43
D-W 值	0.269	0.214	0.321	0.409
样本数	651	252	189	210

注：小括号里显示的是F值，*、**、***分别表示在10%、5%和1%水平的显著性。

（3）实证结果

我国住房需求收入弹性明显大于住房需求价格弹性。我国总体的住房需求价格弹性为0.079，说明当前我国的居民住房消费还是以刚性为主。从区域视角来看，我国东部、中部和西部省份的住房需求价格弹性分别为-0.073、-0.135和0.372，我国东部和中部省份当前还是以刚性需求为主，尤其是东部省份的住房需求对价格的变化并不敏感，这与我国东部省份土地资源短缺的现状相吻合，而西部省份的住房需求价格弹性为0.372，这与价格需求的负弹性理论相悖，说明西部省份的住房具有了部分投资属性，但是这种属性的作用非常微弱，基本可以忽略。

我国总体的住房需求收入弹性的估计结果为0.891，东部、中部和西部省份的住房需求弹性分别为1.509、1.285和1.092，不同区域之间呈现明显的差异。相对东部和西部省份，中部省份的住房收入弹性更富有弹性，中部省份居民收入的变动对住房需求的敏感性较高，意味着中部省份对住房价格波动比较敏感。当收入增加时，居民偏好于把住房资产作为积累家庭财富的重要途径。

总体来说，东部省份的住房需求价格弹性和收入弹性均较弱，当前东部省份的住房需求呈现明显刚性。中部省份的住房需求收入弹性大于1，住房资产除了具备基本的耐用消费属性外，还具有一定的投资属性。

5.1.2 住房财富边际消费弹性的估计：全国层面

（1）住房财富边际消费弹性模型设定

住房价格的变动对居民消费的影响，可以通过住房财富边际消费弹性模型来测度。宏观经济学中，消费函数是由财富效应和持久收入两个部分构成的，财富效应又可分为住房财富HW和非住房财富SW，住房财富边际消费弹性函数的设定为：

$$C = \alpha + \beta Y + \gamma HW + \mu SW \qquad \text{（式5-8）}$$

基于生命周期的假设，家庭可以预支现在和未来的消费和住房服务，为了获取家庭效用的最大化，得到：

$$\max E_t \sum_{t=0}^{\infty} \beta^t (u(c_t) + v(h_t)) \qquad \text{（式5-9）}$$

在一定的预算约束下，得到：

$$c_t + q_t h_t + s_t = Y_t + q_t h_{t-1} + R_t s_{t-1} \qquad \text{（式5-10）}$$

式5-10中，q_t代表住房价格，s_t代表非住房财富，R_t代表非住房财富的收益，Y_t代表劳动收入，这个收入从理论上来说，应该代表的是持久性收入。

（2）住房财富边际消费弹性的数据来源及描述性统计

根据式5-8，估计全国层面的住房价格变动对居民消费的作用，数据来源于全国人均消费支出，住房财富代表的是住房价值的增量，住房财富的增量应该是住房价格与住房面积乘积的增量，如果在短期内住房面积不变，住房财富主要取决于住房价格，本书采用的是全国住房价格指数，这个数据可以准确描述住房价格的波动规律。而金融财富采用的是A股上证指数收盘价，人力资本劳动收入通常采用持久收入，由于持久收入的估计难度较大，因此本书采用的是人均可支配收入，估计结果可能会存在一定的误差。时间序列是2006年第1季度到2019年第4季度。描述性统计结果见表5-3。

表5-3 **描述性统计结果**

变量	含义	均值	最大值	最小值	标准差
LNC	人均消费支出	9.039	9.979	7.977	0.656
LNP	住房价格指数	8.347	9.136	7.575	0.504
LNY	人均可支配收入	9.330	10.333	8.222	0.695
LNSTOCK	股票市场指数	7.744	8.588	7.057	0.393

（3）实证检验

单位根检验结果，见表5-4。

表5-4 **单位根检验结果（1）**

变量	原序列				一阶差分			
	ADF统计量	概率值	1%可能性	是否平稳	ADF统计量	概率值	5%可能性	是否平稳
LNC	-1.087856	0.7025	-3.752946	非平稳	-2.853697	0.0665	-3.752946	平稳
LNP	-1.094644	0.7042	-3.679322	非平稳	-2.285778	0.0183	-3.679322	平稳
LNY	-0.516218	0.8727	-3.711457	非平稳	-2.642679	0.0976	-3.711457	平稳
LNSTOCK	-3.860058	0.0065	-3.679322	非平稳	-4.218027	0.003	-3.711457	平稳

单位根检验ADF统计量在10%的水平下都是一阶平稳的，进一步考察住房价格对住房财富的影响，得出住房财富的边际消费倾向为0.087，呈现微弱的正向作用。住房财富的影响略大于金融财富。统计回归结果见表5-5。

表5-5 **统计回归结果**

变量	系数	标准差	T统计量	概率
LNY	0.881	0.0450	19.56	0.000
LNP	0.087	0.0630	1.38	0.186
LNSTOCK	0.002	0.0010	0.02	0.981
R^2	0.9997	因变量的均值		8.059868
调整后的R^2	0.9996	因变量的标准差		0.239662

进一步对住房价格与居民消费之间的因果关系进行检验，具体结果见表5-6。结果显示在5%可能性条件下，住房价格是居民消费的Granger因，而在1%可能性条件下，居民消费是住房价格的Granger因。从短期波动来看，当给住房价格1个单位的冲击时，居民消费对住房价格会有正向响应。住房价格对居民消费影响的脉冲响应如图5-1所示。

表5-6 **格兰杰因果检验**

Null Hypothesis	F统计量	可能性
LNP does not Granger Cause LNC	3.45403	0.03215
LNC does not Granger Cause LNP	4.93982	0.00912
LNSTOCK does not Granger Cause LNC	0.77331	0.60569
LNC does not Granger Cause LNSTOCK	2.69068	0.06821
LNY does not Granger Cause LNC	3.16938	0.04217
LNC does not Granger Cause LNY	1.58652	0.23345
LNSTOCK does not Granger Cause LNP	3.26515	0.03844
LNP does not Granger Cause LNSTOCK	2.68424	0.06866
LNY does not Granger Cause LNP	2.20648	0.11466
LNP does not Granger Cause LNY	3.71769	0.02524
LNY does not Granger Cause LNSTOCK	2.59518	0.07536
LNSTOCK does not Granger Cause LNY	1.08382	0.42435

在上述模型中加入预期和消费习惯变量，以及人均消费支出的滞后项C（-1）、C（-2）、C（-3）和C（-4），在基础模型上进行实证检验，在检验各单位根一阶平稳的基础上，对模型进行回归，住房价格对居民消费的影响见表5-7，结果显示加入预期后模型中住房价格对居民消费的解释能力变强，住房价格对居民消费的影响呈正向相关关系，金融财富对居民消费的解释能力变弱。

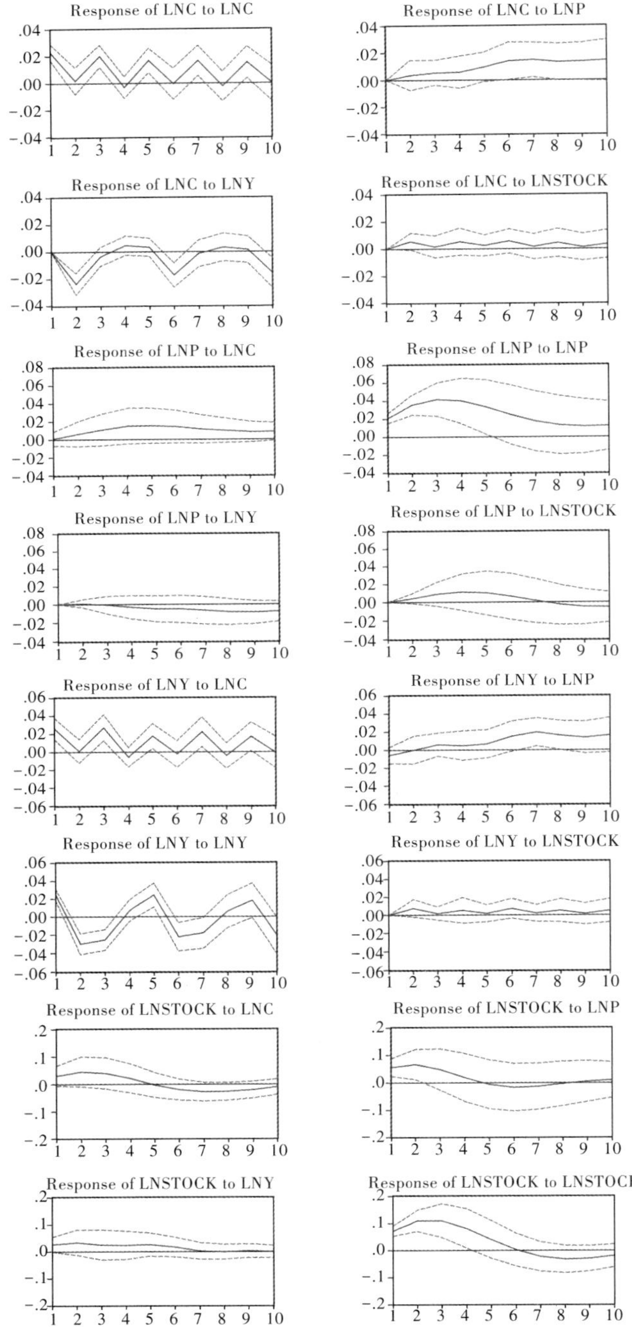

图 5-1　住房价格对居民消费影响的脉冲响应

表5-7 加入预期模型的回归结果

变量	相关系数	标准差	T统计量	可能性
LNP	0.097054	0.034118	2.84	0.022
LNSTOCK	0.004388	0.005051	0.87	0.410
LNY	0.733481	0.097098	7.55	0.000
LNC（-1）	-0.303687	0.126037	2.41	0.043
LNC（-2）	-0.288608	0.127300	-2.27	0.053
LNC（-3）	-0.278839	0.123622	2.26	0.054
LNC（-4）	0.160870	0.074462	2.16	0.063
C	0.145094	0.077785	1.87	0.099
R^2	0.9999	因变量的均值		8.115694
调整后的 R^2	0.9999	因变量的标准差		0.201912

在上述模型的基础上加入文化因素，考察住房财富变动对居民消费的影响、文化因素对住房价格的影响，主要体现在代际遗赠和预防性储蓄两个方面。由于文化因素很难定量反映，因此本书采用孙涛和黄少安（2010）的研究成果，用老年抚养比和少年抚养比两个变量来反映文化因素影响下住房财富变动对居民消费的影响，这两个变量分别加入到带有预期的消费函数模型中，所得结果见表5-8。在加入老年抚养比变量后，住房财富对居民消费影响的系数由0.097变为0.072，老年抚养比和住房价格变动的影响会减少消费支出，但是影响非常微弱。加入少年抚养比变量后，住房财富与居民消费的相关系数由0.097变为0.126，说明随着少年人口占劳动力人口比重的增加，促进了居民消费的增长，促使家庭愿意为子女留下更多的财产。

表5-8 加入文化因素模型的回归结果

变量	相关系数	标准差	统计量	可能性
LNC（-1）	-0.239	0.121	1.97	0.096

续表

变量	相关系数	标准差	统计量	可能性
LNC（-2）	-0.035	0.123	-2.83	0.030
LNC（-3）	0.367	0.128	2.86	0.029
LNC（-4）	0.110	0.092	1.07	0.328
LNP（LNOLD）	0.073	0.037	1.98	0.064
LNP（LNYOUNG）	0.126	0.079	1.59	0.031
LNOLD	-0.193	0.113	-1.70	0.140
LNSTOCK	0.003	0.001	0.49	0.642
LNY	0.728	0.091	7.96	0.000
LNYOUNG	0.063	0.068	0.93	0.390
C	-0.175	0.354	-0.49	0.640
R^2	1.000	因变量的均值		8.116
调整后的 R^2	0.999	因变量的标准差		0.202

（4）实证结果

以上实证分析从传统的消费理论模型入手，选取住房价格指数和A股上证指数来反映居民住房财富和金融财富。基础模型的实证回归结果显示，住房财富对我国居民消费有微弱的正向作用，住房财富大于金融财富，但是不显著。在基础模型上加入预期因素后，住房财富对居民消费的解释能力变弱，当居民消费预期增强时，居民财富效应为正向相关；在基础模型上加入文化因素变量后，住房财富对居民消费的解释能力变强，家庭对子女的代际遗赠因素是影响居民消费水平的显著因素。

5.2 信贷约束效应：我国住房价格和居民消费关系的实证研究

5.2.1 货币政策对住房价格与居民消费作用的理论基础

自1998年住房实施货币化政策改革以来，我国房地产市场发展大致经历了四个主要的阶段：

第一个周期阶段（1998—2002年）。1998年是我国实行货币化供给政策的开端，这个阶段房地产市场处于起步阶段，主要目标是改善居民的居住条件，推动住宅的市场化。1998年受亚洲金融危机的影响，我国采取的货币政策主要是反通货紧缩，扩大内需，所采取的措施主要有：1998年3月至1999年11月，2次下调存款准备金率，5次下调法定存款准备金率。货币政策的调整使得住房市场快速有效地发展，拉动了国内住房消费，住房价格不断上涨。

第二个周期阶段（2003—2005年）。这一阶段的特征是我国局部房地产市场出现投资过热，天津、重庆、大连等城市住房价格出现大幅度上涨，政府为了控制房价过快上涨，出台了《国务院关于促进房地产市场持续健康发展的通知》《关于调整住房供应结构稳定住房价格的意见》等文件，旨在鼓励住房消费的同时调整住房供给结构，抑制住房价格过快上涨。这一阶段仍实施稳健的货币政策，即2次上调存款准备金率。2005年3月17日上调了住房贷款的利率，旨在控制房价过快上涨。

第三个周期阶段（2006年至2009年2月）。在这一阶段房地产市场处于一轮增长过热的阶段，政府频繁出台金融政策、税收政策、保障住房政策，抑制住房价格上涨过快是调控的重点。2008年受美国次贷危机的影响，我国宏观经济陷入萧条，居民受此影响购房意愿下降。此后，我国出台4万亿元投资计划，拉动经济增长的同时，房地产市场逐渐开始复苏。2006年5月，《国务院办公厅转发建设部等部门关于调整住房供应结构稳定住房价格意见的通知》中规定房地产企业投入项目的资本金比例不能低于35%，个人贷款首付比例由20%调整到30%，且要求新审批的90平方米以下住房不能少于70%。2007年10次上调存款准备金率，6次加息，同年银监会通知要求二套房首付款比例不低于40%。一系列的措施都旨在控制房价过快上涨，这一系列措施在2008年初有成效，随着宏观经济的增长速度放缓，房地产市场出现下行的趋势。为进一步调整房地产市场，2008年下半年央行5次降息，调整个人贷款利率和首付比例，房地产市场开始逐步复苏。

第四个周期阶段（2009年3月至今）。房地产市场处于深度震荡调整期，由于调控政策的出台上涨的住房价格才得到一定程度的抑制。近年来，政府工作的重点是：一方面，控制房地产投机者需求；另一方面，通过不断加强保障房供给、信贷约束等措施抑制住房价格过快上涨。2009年5月，国务院调整了固定资产投资项目的最低资本金比例，房地产项目调整至30%，2009年7月银监会要求控制二套房贷款首付比例和部分地区的二套房贷款利率上浮10%。2011年，《国务院办公厅关于进一步做好房地产市场调控工作有关问题的通知》中强调二套房贷款比例提高至60%。信贷政策的调整对住房价格与消费关系的影响可以通过以下方式进行检验。

5.2.2 模型设定

考察货币政策冲击下住房价格对居民消费的影响作用。可以将这一作用分解为货币政策对住房价格的影响和住房价格对消费的影响两个阶段，分别采用VAR模型进行估计。

货币政策对住房价格的影响，可以表示为：P=f（D，S，R，X）。其中，D为住房需求，S为住房供给，R为长期金融贷款利率，X为信贷变量。

住房价格对居民消费的影响，可以表示为：C=f（I，P，G）。其中，I为人均可支配收入，P为家庭住房财富，G为金融财富。

VAR（p）模型的思路是：首先，运用不含有外生变量的非限制向量进行自回归，是一个由k维向量组成的正定矩阵，矩阵的展开式见式 5-11；然后，检验变量和滞后变量之间是否存在协整关系（见式 5-12），通过判断特征根的迹统计量，再通过 ECM 误差估计模型来估计长期均衡时误差偏离的调整速度，也可以用脉冲响应函数来描述这一关系；最后，通过方差分解各个变量贡献对总贡献度的相对重要性。

$$y_t = A_1 Y_{t-1} + \cdots + A_p y_{t-p} + Bx_t + \varepsilon_t \quad t=1，2，\cdots，T \qquad \text{（式 5-11）}$$

$$\Delta y_t = \prod y_{t-1} + \sum_{i=1}^{p-1} \Gamma_i \Delta y_{t-i} + Bx_t + \varepsilon_t \qquad \text{（式 5-12）}$$

其中，

$$\prod = \sum_{i=1}^{p} A_i - I，\Gamma = -\sum_{j=i+1}^{p} A_j \qquad \text{（式 5-13）}$$

5.2.3 数据来源和变量说明

在货币政策对住房价格的影响中，P 为年均住房价格（PRICE），住房需求量 D 采用住宅销售面积（SALE）、供给量 S 采用住宅的竣工面积（FINISH），利率（R）采取 5 年期贷款利率，信贷规模（SCALE）用房地产贷款开发中国内贷款表示。在住房价格对居民消费的影响中，C 为人均消费，I 为人均可支配收入，W 为住房财富，用住房价格近似值代替。数据来源于中经网和国家统计局网站 2000 年 1 月至 2019 年 12 月的月度数据。

5.2.4 实证分析

（1）货币政策对住房价格的 VAR 模型

①单位根检验。

进行 VAR 模型检验的前提条件是考虑各个变量的单位根检验是否平稳，如果不平稳，容易产生伪回归，使得实证结果有偏误。本书采用 ADF 检验方法，检验变量在原序列中是否平稳。如果非平稳，对变量取一阶差分，检验在 1% 的置信区间内是否平稳序列。表 5-9 为单位根检验结果，结果显示原序列在 5% 概率值上拒绝原假设，为非平稳序列，对变量 LNFINISH、LNPRICE、LNSCALE、LNSALE、LNR 进行了一阶差分处理后，得到变量在 5% 的置信度水平条件下均为一阶单整的结论。变量通过单位根检验是进行协整检验和方差分解的前提条件。

表5-9 单位根检验结果（2）

变量	原序列				一阶差分			
	ADF统计量	概率值	5%可能性	是否平稳	ADF统计量	概率值	5%可能性	是否平稳
LNFINISH	0.218	0.219	-3.18	非平稳	-5.29	0.002	-3.18	平稳
LNPRICE	0.112	0.950	-3.17	非平稳	-4.56	0.005	-3.17	平稳
LNSCALE	-1.24	0.6191	-3.15	非平稳	-3.62	0.025	-3.17	平稳
LNSALE	-2.02	0.2743	-3.18	非平稳	-4.56	0.006	-3.17	平稳
LNR	-2.48	0.143	-3.14	非平稳	-0.359	0.026	-3.17	平稳

②协整检验。

本书用Johansen协整检验来刻画多个序列之间的平衡或平稳关系。在进行协整检验之前，根据DF、ADF检验等标准确认最优滞后阶数是2。同时，运用LM和ARCH统计量检验模型检验是否存在自相关和异方差，检验结果表明VAR模型不存在自相关和异方差性。接下来以住房价格为被解释变量，以利率、竣工面积、销售面积和信贷规模为解释变量，进行Johansen协整检验（见表5-10），检验结果表明在5%的显著性水平下，迹统计量表明变量间最多只存在一个协整关系，利率、竣工面积、销售面积和信贷规模与住房价格之间存在协整关系。其方程为：

$$LNPRICE=-0.306LNSCALE-1.11LNSALE-0.00329LNR-1.382543 \quad (式5-14)$$

表5-10 协整检验结果

假设	特征值	迹检验值	0.05临界值	5%可能性
None *	0.480926	159.6339	47.85613	0.0000
At most 1 *	0.294846	60.62198	29.79707	0.0000
At most 2	0.042177	7.871820	15.49471	0.4792
At most 3	0.008998	1.364875	3.841466	0.2427

注：*、**、***分别表示在10%、5%和1%水平的显著性。

③方差分解结果。

表5-11是方差分解结果，VECM误差修正项反映了各个变量之间的长期均衡关系。从结果来看，利率对住房价格的解释能力随着时间的增加，调整偏离长期均衡状态的速度会减慢；从长期来看，利率是一个不显著的因素，而信贷规模因素对住房价格的解释能力会随着滞后期数的增加，调整速度会变快。

表5-11 **方差分解结果**

时期	S.E.	SCALE	SALE	R	LNPRICE
1	99.10899	4.899311	0.000233	11.55055	83.54990
2	137.2815	15.74024	2.143728	11.62558	70.49045
3	169.2792	21.35544	4.896050	10.90180	62.84672
4	197.5745	28.15527	4.029726	9.960979	57.85402
5	220.6794	31.84837	3.293610	9.205031	55.65299
6	240.6661	33.66800	2.789330	8.525453	55.01722
7	258.7568	34.67841	2.469754	7.896895	54.95494
8	275.8077	35.45214	2.282156	7.306122	54.95958
9	292.1810	36.22088	2.151195	6.753564	54.87436
10	307.8946	36.96821	2.033936	6.246678	54.75118

（2）住房价格对居民消费的VAR模型

第二个阶段反映了住房价格对居民消费影响的作用。基于生命周期理论的假设，消费支出是持久收入与住房财富和非住房财富的函数。住房财富的反映值仍然从住房价格近似得到，考察住房价格对消费支出的影响和作用，设定的函数表达式为：

$$C = \alpha + \beta Y + \gamma P + \mu \quad \text{（式5-15）}$$

式5-15中，C为支出总额，这里取社会零售商品总额；Y为人均可支配收入；P为房地产价格；μ为随机扰动项。

① 单位根检验。

对社会零售商品总额、人均可支配收入、房地产价格变量取对数后，对各个变量进行单位根检验，结果见表5-12，变量LNPRICE、LNCONSUM、LNINCOME原序列为非平稳序列，对各个变量取一阶差分后结果在5%的置信度水平条件下，均为一阶单整。

表5-12 单位根检验结果（3）

变量	原序列				一阶差分			
	ADF统计量	概率值	5%可能性	是否平稳	ADF统计量	概率值	5%可能性	是否平稳
LNPRICE	0.218	0.219	−3.18	非平稳	−5.29	0.002	−3.18	平稳
LNCONSUM	0.112	0.950	−3.17	非平稳	−4.56	0.005	−3.17	平稳
LNINCOME	−1.24	0.6191	−3.15	非平稳	−3.62	0.025	−3.17	平稳

② 脉冲响应结果。

建立VAR模型的结果如图5-2所示：

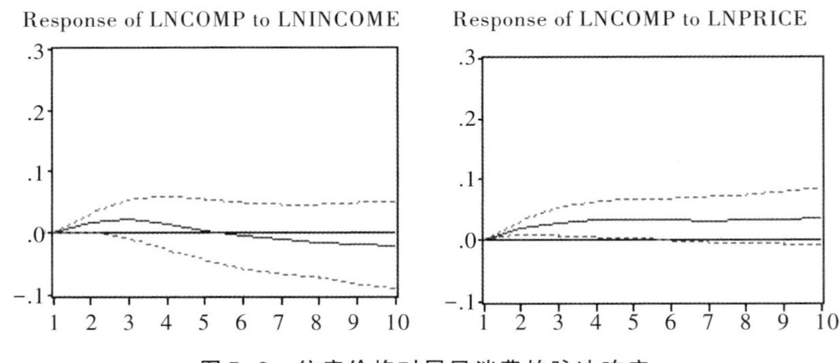

图5-2 住房价格对居民消费的脉冲响应

VAR方程分解结果为：

LNCOMP = C（1，1）*LNCOMP（−1）+ C（1，2）*LNCOMP（−2）+ C（1，3）*LNINCOME（−1）+ C（1，4）*LNINCOME（−2）+ C（1，5）*LNPRICE（−1）+ C（1，6）*LNPRICE（−2）+ C（1，7）

LNINCOME = C（2，1）*LNCOMP（−1）+C（2，2）*LNCOMP（−2）+C（2，3）*LNINCOME（−1）+ C（2，4）*LNINCOME（−2）+ C（2，5）*LNPRICE（−1）+ C（2，6）*LNPRICE（−2）+ C（2，7）

LNPRICE = C（3，1）*LNCOMP（−1）+ C（3，2）*LNCOMP（−2）+ C（3，3）*LNINCOME（−1）+ C（3，4）*LNINCOME（−2）+ C（3，5）*LNPRICE（−1）+ C（3，6）*LNPRICE（−2）+ C（3，7）

5.2.5 实证结论

通过对两阶段模型的分别检验，可以发现货币政策对住房价格和居民消费的传导作用是：受货币政策的影响，我国住房价格对居民消费具有正向的相关作用；通过VAR模型检验，显示住房价格与居民消费呈微弱的正相关，在第5期以后呈现负相关关系；房地产价格的上升还是以增加居民消费为主，说明了房地产价格上涨对居民消费有正向的财富效应。从长期来看，住房价格与居民消费呈正相关关系，但是这种效应不显著。

5.3 不同年龄结构的财富效应：住房价格和居民消费关系的实证研究

5.3.1 年龄结构和住房价格对居民消费的影响的理论基础

党的十八大报告要求“把推进经济结构战略性调整作为加快转变经济发展方式的主攻方向，以改善需求结构、优化产业结构、促进区域协调发展、推进城镇化为重点”[①]。受全球资源市场化配置的影响，我国在改革开放以后逐渐形成了以人口集聚、产业集聚为主要特征的城市群，我国的城镇化率[②]由1978年的17.9%增长到2019年的60.6%，大量的人口从农村转移到城市，房地产业的快速发展则为解决城市人口对住房的潜在需求提供了保障。图5-3显示了1953—2019年我国年末总人口数、人口的自然增长率、出生率和死亡率的趋势图，在图5-3中可以看出，在绝对数量上我国年末总人口数呈现增加的趋势，我国2019年年末总人口是14.1亿，其中城镇人口是8.48亿，相比较1953年总人口数增加了8.22亿人。从相对增长率来看，我国人口出生率增长在1962—1970年之间经历第一次增长高峰期，这个阶段人口增长率始终保持在30.74%以上，随后我国总人口增长率、人口出生率开始逐年下降，在1980—1989年之间又经历了一次小幅度增长。

① 胡锦涛. 坚定不移沿着中国特色社会主义道路前进为全面建成小康社会而奋斗——在中国共产党第十八次全国代表大会上的报告［M］. 北京：人民出版社，2012.

② 城镇化率=国家城镇人口÷国家总人口×100%，它反映了一国城镇化水平的高低。

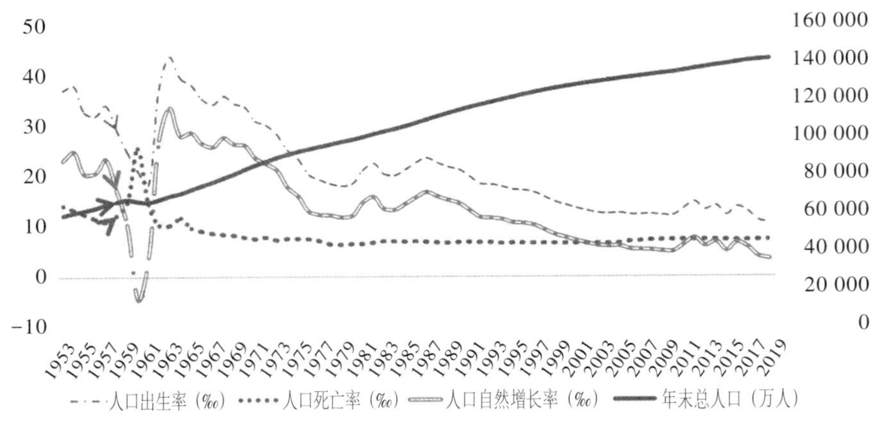

图5-3 1953—2019年我国年末总人口、人口出生率、人口死亡率和人口自然增长率

另有《中国统计年鉴2020》数据显示，截至2019年年末，我国老龄人口（65岁以上）总数为17 767万人，占总人口数的比重上升为12.57%。从总抚养比来看，2019年为41.56%，较1982年的62.6%有明显下降，但其中老年抚养比2019年为17.8%，较1982年的8.0%有明显升高，而随着中年人口的逐渐老化，这一比例会进一步加大。总体而言，我国人口老龄化的发展过程呈现以下特点：

（1）现阶段老龄人口总体规模较大，且规模还呈现快速发展趋势。统计年鉴显示，2019年年末，我国65岁以上人口总规模已达17 767万人，这一规模位居世界首位，并且人口老龄化呈现快速发展趋势，年均增长速度为4.13%（根据1991年到2019年65岁以上人口增长速度计算），而同期我国总人口的增长速度仅为0.71%。

（2）人口老龄化在地区之间的分布存在不平衡现象。历年统计年鉴数据显示，我国老龄化人口分布存在地区间差异（具体如图5-4所示）。从图5-4可以看出，2019年我国超过65岁以上人口占总人口比重超过10%的省份有24个，而2012年我国老年人口比重超过10%的省份仅有8个，老龄化趋势显著增加。其中，2019年上海老年人口所占比重最高，为16.26%，辽宁、山东和四川老年人口所占比重分居第二到第四位，分别为15.92%、15.84%和15.74%。相对而言，老年人口所占比重最低的三个省份分别为西藏、新疆和青海，所占比重为6.02%、8.07%、

8.54%，所占比重仅为人口老龄化较高地区的一半，地区间人口老龄化程度存在一定差异。

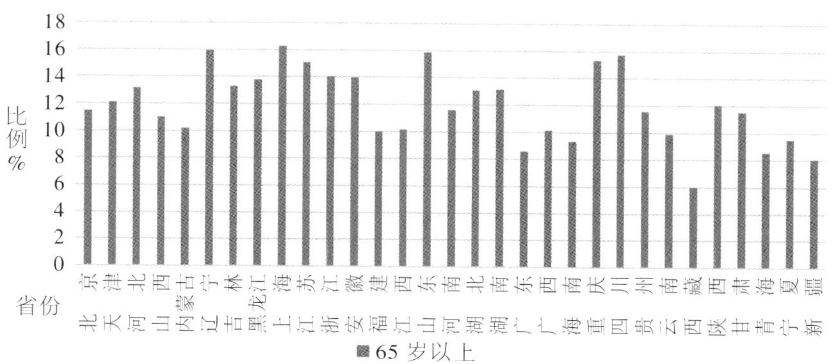

图5-4　2019年我国各省份65岁以上人口所占人口比重

人口因素作为影响住宅市场的重要因素之一，其中的人口年龄构成直接影响消费者的购买力。根据生命周期理论，处于工作年龄段的中青年对于住宅的需求更为强烈，是住宅市场的主要消费者，适婚年龄阶段人口的初次购房需求和中年时期的改善性住房需求会使得对住房需求量增加，进而影响到住房价格。Mankiw 和 Weil（1989）、McFadden（1993）就提出美国人口老龄化将会引起住宅价格的大幅下降，最终导致住宅拥有者资产的损失，进而影响未来老龄人口的资产流失。他们还提出如果家庭可以预期住房价格的变化，然后调整自己的非住房储蓄，则退休福利的损失可以减轻。也有学者认为，人口由农村大量地迁移到城市直接为住宅市场带来了巨大的潜在消费需求，推高了住宅市场价格（Kotiio，1971；闫磊，2011）。

5.3.2　模型设定

考虑到人口变动因素对住房价格的冲击以及对居民消费行为的影响，本书模型的选取在原有经典的消费函数的基础上，把人口变动的变量作为函数的控制变量。消费支出是持久收入、住房财富、金融财富及人口变动的函数。本书采用的人口变动的变量主要考虑了65岁以上人口占总人口的比重、城镇化率（城镇人口占总人口的比重）以及15岁以下人口占总人口的比重，考察年龄结构和住房价格对居民消费的影响，模型的设定如下：

$$\ln C = \alpha + \beta \ln P + \ln Y + UC + LL + ZD + \mu \qquad \text{（式5-16）}$$

5.3.3 数据来源和变量说明

模型中变量C表示居民人均消费，数据来源于国家统计局网站的人均消费支出数据，P表示住房财富，近似由住宅平均价格代替，Y表示人均可支配收入，UC表示城市化率，LL表示65岁以上人口占总人口比重，由各年各省份65岁以上人口数除以总人口数计算得到。ZD表示15岁以上人口占总人口比重，μ为随机扰动项。

5.3.4 实证分析

我们首先对各变量进行单位根检验，在单位根检验一阶平稳的基础上，利用eviews6.0中的Kao和Perdroni方法进行协整检验，结果显示各变量之间存在长期协整关系，模型没有出现伪回归。进一步运用F值检验如下两个假设：

$$H_1: \beta_1 = \beta_2 = \cdots = \beta_n \qquad \text{（式5-17）}$$

$$H_2: \alpha_1 = \alpha_2 = \cdots = \alpha_n \qquad \text{（式5-18）}$$

$$\beta_1 = \beta_2 = \cdots = \beta_n$$

如果满足假设H_2即说明模型为不变参数模型，不用进行进一步检验。如果拒绝H_2，需要进一步进行检验，如果接受H_1，则意味着模型为变截距模型，拒绝H_1模型即为变系数模型。计算得到F_1=2.78，F_2=16.49，得到F在95%显著性水平下的估计值F_2（136，210）=1.28，F_1（102，210）=2.78，由于F_2<16.49，因此接受H_2，模型采用不变参数模型。对31个省份按照不同类别进行面板模型回归，结果见表5-13。

表5-13 **面板模型的回归结果**

解释变量	被解释变量（lnC）			
	全国	东部省份	中部省份	西部省份
lnP	-1.07	-0.87	-0.46	0.67
	（-3.78）	（-3.46）	（-1.08）	（-1.37）

续表

解释变量	被解释变量（lnC）			
	全国	东部省份	中部省份	西部省份
LnY	0.16	0.30	0.13	0.11
	(−8.25)	(−3.76)	(−3.55)	(−2.93)
UC	0.65	0.69	0.64	0.58
	(−17.2)	(−6.62)	(−13.94)	−9.17
LL	0.04	0.07	0.07	0.02
	(−1.94)	(−1.28)	(−2.39)	(−0.60)
R^2	0.76	0.82	0.72	0.76
AIC	0.18	−0.23	−0.10	−0.55
F统计量	378.07	0.81	194.31	78.27
D-W统计量	0.66	56.00	−0.75	1.08
样本总数	350	40	230	80

5.3.5 实证结论

本书通过对全国和不同地区人口变动、住房价格和居民消费关系进行实证分析，研究得出，从全国层面来看，住房价格与消费呈负相关关系，即住房价格升高会抑制消费的增加，但老龄化人口对于消费的影响系数为0.04，显著性较弱。从区域层面来看，我国东部省份和中部省份住房价格与消费之间的相关系数分别为−0.87和−0.46，说明东部和中部省份的住房价格与消费呈负相关关系，住房价格的升高会对居民消费产生挤出作用，西部省份的住房价格与消费呈正相关关系，即西部地区住房价格升高会促进居民消费，住房价格对居民消费产生挤入作用。实证检验的结果显示，无论是全国层面还是地区层面，人口变动与房价、消费之间的相关性都很弱。

5.4 不同收入水平财富效应：住房价格和居民消费关系的实证研究

5.4.1 收入水平对住房价格-居民消费影响的理论基础

消费者的可支配收入直接关系着住房的可支付能力，消费者会根据住房可支付能力选择住房。我国的收入分配结构从整体上来看呈金字塔形，收入较低的群体相对来说比较庞大但拥有的财富较少，收入较高的群体在金字塔的顶端，但这部分群体却占据了总财富的较大比重。北京大学中国社会科学调查中心发布的《中国民生发展报告2014》中提到2012年顶端1%的家庭拥有全国30%以上的财富，底端25%的家庭仅拥有全国10%的财富，且房产在全国家庭总资产中占据最高的比重74.7%。[①] 如表5-14和图5-5所示，2002—2019年我国城镇居民人均可支配收入每年由2002年的7 702.80元上升到2019年的42 358.80元，呈逐年上升趋势。

按照收入等级将所有城镇调查户按人均可支配收入由低到高排序，按10%、10%、20%、20%、20%、10%、10%的比例分为七组，分别为最低收入户（10%）、较低收入户（10%）、中等偏下收入户（20%）、中等收入户（20%）、中等偏上收入户（20%）、较高收入户（10%）和最高收入户（10%）。城镇居民中等偏下收入户（20%）人均可支配收入由2002年4 932元增加至2019年的26 783.7元，增加了4.43倍；城镇居民中等偏上收入户（20%）人均可支配收入由2002年的8 869.5元增加至2019年的52 907.3元，增加了4.97倍。城镇居民中等偏上收入户（20%）人均可支配收入与城镇居民中等偏下收入户（20%）人均可支配收入绝对值的差由2002年的3 937.5元增加至2012年的26 123.6元。

关于收入差距对住房价格的作用影响，现有的研究主要集中在讨论

① 冯会玲．北大报告称：我国顶端1%的家庭占全国三成以上财产［EB/OL］．（2014-07-08）［2023-04-20］．http：//www.rmzxb.com.cn/c/2014-07-28/355971.shtml.

收入差距的扩大是否会导致住房价格的快速上涨，通过运用协整检验、FAVAR模型、面板模型等计量方法，普遍得到的结论为收入差距的扩大会导致住房价格的快速上涨（李勇刚，2013；向飞，2008；陈健、高波，2012；Favara和Song Zheng，2009等）。Rodda（1994）利用美国1970—1980年的经济普查数据，证明居民收入差距加大对房价具有拉动作用。Mark和郑思齐（2006）利用美国1995—2005年房价、收入和城市化的相关数据也证实了这一观点。近些年，我国学者对于国内收入差距加大对住宅价格的影响也进行了深入研究。尹向飞和陈柳钦（2008）在对我国1992—2006年相关时间序列数据进行检验时发现，住宅价格和收入差距等变量存在长期协整关系，进一步进行Granger因果检验后发现，收入差距的存在是导致住宅价格上涨的重要原因之一。沈悦、李善燊（2012）运用FAVAR模型也发现收入差距加大与住宅价格上涨两者之间存在相互促进的关系。

还有学者从基本的消费理论研究入手，证明了收入差距对于居民消费水平的影响而消费是影响住宅价格的重要因素，从而这部分研究从理论上证明了收入差距对于住宅价格的影响。臧旭恒（1994）基于相对收入假说，分别以城镇居民和农村居民作为研究样本，通过实证研究对1981—1991年这两部分人群的消费情况进行实证研究，证明了居民消费过程中确实存在示范效应，并且示范效应的强弱与收入分配差距呈正相关关系，研究还发现农村居民的示范效应明显强于城镇居民。张琪（2013）通过1997—2011年我国24个省份的面板数据也证明了农村居民的示范效应强于城镇居民。现阶段已有大量文献如Kotlikoff（1986）、Chamon和Prasad（2010）等，证明预防性储蓄动机和馈赠动机是影响消费者消费、储蓄行为的重要因素之一。朱国林、范建勇和严燕（2002）研究了收入水平与馈赠动机的关系，发现高收入人群馈赠动机较强，解释了当时中国国内消费水平低的原因，认为由于财富多集中在少数高收入人群中，而这部分人群的馈赠动机较强，所以导致社会整体消费不足。

表5-14 **按照不同收入等级划分城镇居民可支配收入情况（2000—2019年）**

单位：元

指标 年份	城镇居民人均可支配收入	城镇居民最低收入户（10%）人均可支配收入	城镇居民较低收入户（10%）人均可支配收入	城镇居民中等偏下收入户（20%）人均可支配收入	城镇居民中等收入户（20%）人均可支配收入	城镇居民中等偏上收入户（20%）人均可支配收入	城镇居民较高收入户（10%）人均可支配收入	城镇居民最高收入户（10%）人均可支配收入
2002	7 702.80	2 408.60	3 649.20	4 932.00	6 656.80	8 869.50	11 772.80	18 995.90
2003	8 472.20	2 590.20	3 970.00	5 377.30	7 278.80	9 763.40	13 123.10	21 837.30
2004	9 421.60	2 862.40	4 429.10	6 024.10	8 166.50	11 050.90	14 970.90	25 377.20
2005	10 493.00	3 134.90	4 885.30	6 710.60	9 190.10	12 603.40	17 202.90	28 773.10
2006	11 759.50	3 568.70	5 540.70	7 554.20	10 269.70	14 049.20	19 069.00	31 967.30
2007	13 785.80	4 210.10	6 504.60	8 900.50	12 042.30	16 385.80	22 233.60	36 784.50
2008	15 780.80	4 753.60	7 363.30	10 195.60	13 984.20	19 254.10	26 250.10	43 613.80
2009	17 174.70	5 253.20	8 162.10	11 243.60	15 399.90	21 018.00	28 386.50	46 826.10
2010	19 109.40	5 948.10	9 285.30	12 702.10	17 224.00	23 188.90	31 044.00	51 431.60
2011	21 809.80	6 876.10	10 672.00	14 498.30	19 544.90	26 420.00	35 579.20	58 841.90
2012	24 564.70	8 215.10	12 488.60	16 761.40	22 419.10	29 813.70	39 605.20	63 824.20
2013	26 467.00	9 896		17 628.10	24 172.90	32 613.80	57 762	
2014	28 843.90	11 219		19 650.50	26 650.60	35 631.20	61 615	
2015	31 194.80	12 231		21 446.20	29 105.20	38 572.40	65 082	
2016	33 616.20	13 004		23 054.90	31 521.80	41 805.60	70 348	
2017	36 396.20	13 723		24 550.10	33 781.30	45 163.40	77 097	
2018	39 250.80	14 387		24 856.50	35 196.10	49 173.50	84 907	
2019	42 358.80	15 549		26 783.70	37 875.80	52 907.30	91 683	

数据来源：国家统计局网站（http：//data.stats.gov.cn）。

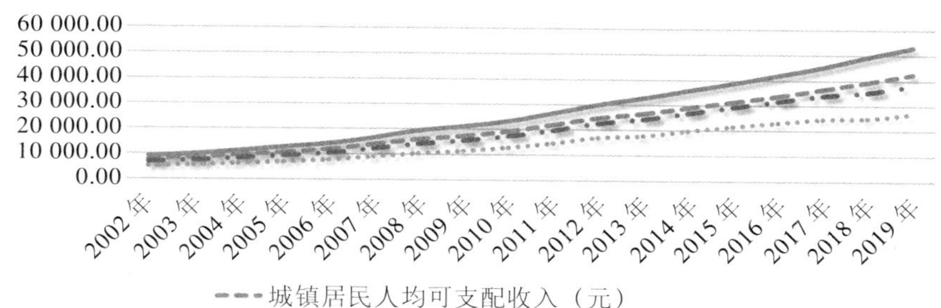

图5-5 城镇居民按照收入等级划分的可支配收入情况

5.4.2 模型设定

按照经典的消费理论，消费支出受到居民可支配收入和家庭财富的影响，所得到的方程为：

$$C_{it} = \alpha_i + \beta Y_{it} + \delta P_{it} + \mu \quad \text{（式5-19）}$$

其中，C_{it}代表消费支出；Y_{it}代表居民人均年可支配收入；P_{it}代表家庭财富的增加会引起居民消费的增加。Case等（2005）、Ludwig等（2011）经研究发现，家庭财富还是以住房财富为主，金融财富效应相对住房财富不明显。因此这里主要是通过商品房平均住宅价格来表示住房财富。系数β和δ分别表示的是收入的边际消费倾向和住房财富的边际消费倾向；μ为随机扰动项。把居民消费支出作为被解释变量，居民人均年可支配收入及住房价格作为解释变量。为了消除通货膨胀和物价变动带来的影响，利用CPI指数对以上变量进行平减。同时为了避免模型估计结果出现伪回归，分别对解释变量和非解释变量取对数处理，样本时序长度为2002—2019年，数据均来自国家统计局网站。

5.4.3 实证分析

（1）单位根检验

本书考察住房价格对不同收入层次居民消费的作用关系。面板数据的单位根检验的方法主要是AR（1）过程：

$$Y_{it} = \rho_i Y_{it} + \mu_{it} \quad i=1, 2, \cdots n; \ t=1, 2, \cdots n \quad \text{（式5-20）}$$

其中，n表示截面的个数；t表示截面观测时序；ρ_i表示自回归系

数；μ_{it}表示随机误差项，且满足独立同分布的假设。如果$|\rho_i|<1$，则对应的序列为平稳序列；如果$|\rho_i|=1$，则对应的序列为非平稳序列。单位根检验的方法主要是通过LLC检验、Breitung检验、Hadri检验、Fisher-PP检验和Fisher-ADF检验来完成检验的结果（见表5-15）。

表5-15 **单位根检验**

变量	LLC检验	Breitung检验	Hadri检验	PP检验	ADF检验	结果
C	1.261 47 （0.896 4）	0.476 84 （0.683 3）	5.576 15 （0.000 0）	2.706 57 （0.999 5）	0.850 97 （1.000 0）	I（1）
lnC	−10.495 4 （0.000 0）	−1.824 08 （0.034 1）	3.440 52 （0.000 3）	93.673 5 （0.000 0）	61.948 4 （0.000 0）	I（0）
Y	2.712 1 （0.996 7）	−0.756 03 （0.224 8）	5.651 14 （0.000 0）	2.433 22 （0.999 7）	0.828 93 （1.000 0）	I（1）
lnY	−6.970 71 （0.000 0）	−3.769 78 （0.000 1）	4.201 99 （0.000 0）	58.43 （0.000 0）	41.576 6 （0.000 1）	I（0）
P	−5.109 89 （0.000 0）	2.387 06 （0.991 5）	5.626 08 （0.000 0）	2.615 19 （0.999 6）	10.708 8 （0.708 7）	I（1）
lnP	−1.153 2 （0.124 4）	−15.893 2 （0.000 0）	1.484 81 （0.068 8）	122.334 （0.000 0）	44.705 （0.000 0）	I（0）

从单位根检验的结果可以看出，人均消费支出、人均可支配收入和住房价格变量经过一阶差分后，均为平稳序列，且一阶序列单整。

（2）基于广义矩估计（GMM）面板模型的实证分析

本书拟采用广义矩估计的方法来估计面板数据模型的动态经济关系，由于在面板模型中被解释变量的滞后项要纳入解释变量中来反映动态的经济关系，但是滞后项与随机误差项的相关性会导致模型产生内生性偏倚，因此采用GMM动态面板估计方法可以有效解决这一问题。

动态面板模型的基本形式是：

$$Y_{it} = \alpha Y_{it-1} + \beta X_{it} + \omega Y_{it} = \alpha Y_{it-1} + \beta X_{it} + \omega \qquad \text{（式5-21）}$$

其中，$\omega = \mu + \vartheta$

在引入被解释变量滞后项 Y_{it-1} 后，随机误差 ω 包含了 μ 个体效应和 ϑ 异质性冲击。这会使得OLS的估计量产生有偏和非一致性。GMM的广义矩估计的方法会减弱这种内生性，其基本思想是在总体未知的情况下，通过样本矩估计总体矩。假设样本的一阶矩和二阶矩分别为：

$$X^{(1)} = \frac{1}{n}\sum_{i=1}^{n} Y_i$$
$$X^{(2)} = \frac{1}{n}\sum_{i=1}^{n} Y_i^2 \qquad (式5-22)$$

那么总体一阶矩和二阶矩的估计量则为：

$$\widehat{M}^{(1)} = E(Y) = X^{(1)} = \frac{1}{n}\sum_{i=1}^{n} Y_i \qquad (式5-23)$$

$$\widehat{M}^{(2)} = E(Y^2) = X^{(2)} = \frac{1}{n}\sum_{i=1}^{n} Y_i^2 \qquad (式5-24)$$

总体参数的期望和方差满足：

$$\widehat{\mu} = \widehat{M}^{(1)} = E(Y) = X^{(1)} \qquad (式5-25)$$

$$\vartheta = \widehat{M}^{(2)} + (\widehat{M}^{(1)})^2 = X^{(2)} + (X^{(2)})^2 \qquad (式5-26)$$

广义矩估计GMM的目的是使得欧氏距离函数达到最小，即

$$Q(\phi) = \sum_{i=1}^{r} (X^{(i)} - M^{(i)}(\phi))^2 \qquad (式5-27)$$

设定以下模型关系式，其中b为待估参数向量：

$$Y_i = h(X_i,\ b) + e_i,\ i = 1,\ \cdots n \qquad (式5-28)$$

如果解释变量与随机误差、随机误差项之间不存在序列相关，则有：

$$\sum_{i=1}^{n} X(Y_i - h(X_{it},\ b)) = 0 \qquad (式5-29)$$

如果解释变量与随机误差相关时，需要寻找到一个工具变量Z，满足Z与e无关，定义

$$e(y_i,\ x_i;\ b) = y_i - h(x_i;\ b) \qquad (式5-30)$$

工具变量估计的方程组为：

$$m(b) = \frac{1}{n}\sum_{i=1}^{n} Ze(Y_i,\ X_i;\ b) = \frac{1}{n}Z'e(y,\ X;\ b) \qquad (式5-31)$$

估计的工具变量正规方程组的解就是min(m(B)′M(B))一阶极值的解。按照以上思路来求解模型5.14，也可以得到式5-15：

$$Y_{it} = \rho Y_{it} + \mu_{it},\ i = 1,\ 2,\ \cdots n,\ t = 1,\ 2,\ \cdots n \qquad (式5-32)$$

5.4.4 实证结论

2013年之后，收入等级将所有城镇调查户按人均可支配收入由低到高排序，按20%、20%、20%、20%、20%的比例分为五组，分别为低收入户（20%）、中等偏下收入户（20%）、中等收入户（20%）、中等偏上收入户（20%）、高收入户（20%）。2002—2012年按照七组分类的数据，为统一计算，把最低收入户（10%）和较低收入户（10%）取均值合并为低收入户，把较高收入户（10%）和最高收入户（10%）取均值合并为高收入户（20%）。根据GMM动态面板回归的估计结果可知，居民边际消费倾向即变量β在1%的显著水平下是显著的，按照收入水平的差距，居民边际消费倾向呈现逐渐下降的趋势，低收入户（20%）的居民消费倾向为0.459，说明低收入户（20%）当收入每增加1个单位时，0.459单位用来消费。随着收入水平的提高，居民用于消费增加的比例会小于收入增加的比例，高收入户（20%）的居民边际消费倾向为0.167，这也显示出了居民消费对于可支配收入的敏感程度。城镇低收入户（20%）位于马斯洛需求层次的最低层次，解决温饱和生存问题是关键，所以当可支配收入增加时，更多用于消费食物，用于储蓄的倾向较小。而相对具有较高收入的群体位于马斯洛需求层次的较高层次，更加注重精神层面和自我实现的消费，前期充足的积累使得这个群体当人均可支配收入增加时，用于消费的比例相对减少，边际储蓄倾向增加(边际消费倾向+边际储蓄倾向=1)。

根据表5-16的回归结果，变量δ反映的是居民消费与住房价格变动的相关关系，从概率p值的显示可以看出，房价变动对于低收入户(20%)、中等偏下收入户（20%）的消费影响系数分别为-0.0109，0.0239，在10%的显著性水平下都拒绝了原假设，住房财富边际消费倾向δ均为不显著，也就是说住房价格提高对居民消费的作用影响不显著。主要原因可以从以下两方面来解释：一方面，低收入水平的居民还是以食品消费为主，对于住房消费有需要但是缺乏支付能力，因此这部分人对于住房价格敏感性较低，这部分人同时也是政府部门提供廉租房、公共租赁住房保障的对象。另一方面，住房价格变动对中等收入、中等偏上收入、高收入户居民消费影响的系数分别为0.0239、0.0239、0.318，且在10%的显著性水平下，均为显著。这说明，随着收入层次的提高，住房价格对消费的敏感程度越来越高，显示出住房财富效应越来越大。

表5-16　**住房价格对不同收入层次居民的消费作用的GMM检验结果**

	低收入户（20%）	中等偏下收入户（20%）	中等收入户（20%）	中等偏上收入户（20%）	高收入户（20%）
常数项	-3.966***	-5.874***	-5.874***	-5.874***	-16.29***
	(1.226)	(0.393)	(0.393)	(0.393)	(2.476)
变量β	0.459***	0.087***	0.087***	0.087***	0.167***
	(0.157)	(0.0898)	(0.0898)	(0.0898)	(0.370)
变量δ	-0.0109	0.0239	0.0239**	0.0239**	0.318**
	(0.0920)	(0.0543)	(0.0543)	(0.0543)	(0.159)
R-squared	0.413	0.886	0.886	0.886	0.575
DW值	1.617248	2.467142	2.49865	1.521638	2.802318

注：小括号里面为p值。

6　微观视角：住房价格对我国居民消费影响的实证研究

6.1　数据来源及说明

6.1.1　微观数据的来源

本章微观数据来源于中国家庭金融调查分析（China Household Finance Survey，CHFS）2019年的调研数据，该数据由西南财经大学中国家庭金融调查与研究中心发布，问卷内容主要涉及了人口统计学特征、资产与负债、保险与保障、支出与收入几个部分，调研内容能够从微观角度反映我国居民家庭的投资消费行为、财富分配、支付习惯等方面的信息，对于从微观视角研究我国居民消费行为提供了有效的数据支持。

6.1.2　样本选择和抽样说明

总体而言，2019年CHFS数据涵盖了全国29个省份，涉及34 643

户家庭。通过对微观数据基本整理后，可以得到城市和农村主要的指标变量描述性统计分析（见表6-1）。在CHFS数据调研样本中，城市人口占调研总人口的比重为64.39%，农村人口占调研总人口的比重为35.61%。城市样本家庭规模平均为2.95人，农村家庭规模平均为3.21人；城市样本的平均家庭收入为89 544.84元，农村样本的平均家庭收入为39 091.46元。从自有住房率来看，城市家庭和农村家庭均具有较高的自有住房率，城市家庭和农村家庭的自有住房率分别为87.46%和95.36%，样本中城市仅拥有一套住房的家庭占比约78.38%，拥有两套及两套以上住房的家庭占比为21.62%，而农村仅拥有唯一住房的家庭占比约为86.01%，拥有两套及两套以上住房的家庭占比为13.99%。

表6-1　CHFS数据中城市与农村基本指标变量的描述性统计分析

变量	城市	农村
人口所占比例	64.39%	35.61%
家庭规模（人）	2.95	3.21
家庭收入（元）	89 544.84	39 091.46
拥有自有住房户数（户）	19 504	11 762
自有住房率	87.46%	95.36%
仅有一套住房家庭占比	78.38%	86.01%
拥有两套及以上住房家庭占比	21.62%	13.99%

6.2　住房价格对不同租买选择家庭消费影响的作用关系

6.2.1　研究基础

住房不仅仅是一个资产，还是能提供住房服务的耐用品，对于自有住房家庭来说，如果住房没有转卖变现或者是更换为更小的住房，住房财富效应是未兑现的（Campbell和Cocco，2005）。而对于租房者来说，住房价格上涨会提高住房服务的成本。Skinner（1989）使用收入动态研究（PSID）数据研究了家庭层面的住房价格对消费的影响，他发现，不同的函数回归的结果不尽相同，从而得出结论：住房价格对家庭消费的影响是不确定的，运用时间序列进行分析时住房财富对储蓄有影响，运用面板模式进行分析时住房财富对储蓄的影响不显著。Arnott（1987）则按照经济学原理假设家庭决策是有限理性的，家庭会根据有限的预算约束进行租买选择以达到效用的最大化。租赁和购买是家庭住房消费的两种基本形式。租买选择实际上反映了一个家庭在一定预算约束下如何做到效用最大化。当家庭住房选择形式为租赁时，家庭所做的选择为住房消费决策；当家庭住房选择形式为自有住房时，分为两种情况，一种情况是仅拥有一套住房自住的，这种情况下家庭所做的住房选择决策属于消费决策；另一种情况是拥有两套或者两套以上住房的，这种情况下家庭所做的住房选择决策属于投资需求。

关于影响租买选择的主要因素的研究，Henderson和Ioannides（1983，1985）最先提出区分住房消费需求和住房投资需求，并以此为出发点研究住房的租买选择问题，他们研究认为，影响租买选择的因素主要包括了收入、资产和相对价格。Deurloo等（1987）提出，人口特征的因素也是影响租买选择的因素之一，比如年龄、婚姻状况，是否有子女，家庭人口构成等。年轻人组成家庭后，随着年龄的增长，这部分人可能更加倾向于拥有自有住房。郑思齐（2005）将影响租买选择的因素总结为家庭特征、住房特征以及制度因素。家庭在进行租买选择决策时，目的是达到跨期决策效应最大化，家庭会考虑在有限的预算收入下获取最大的效用。关于住房价格上升对于年轻租房者消费的影响，Sheiner（1995）和Engelhardt（1994）研究得出两种结果，一种结果是年轻人面临房价上涨会选择储蓄，以便于更好地承担购房的首付，另外一种结果是租房者会放弃买房。Skinner（1996）使用PSID检验住房财富对消费的影响，研究发现，住房财富对于年轻人的影响最大。

6.2.2 模型设定

基于传统的消费理论，本书选取城镇居民家庭消费性支出（con）、住房价值（hp）、家庭总收入（inc）、金融财富（finwealth）、人口统计特征（D）等变量进行实证分析。其中，人口统计特征主要包括家庭的地域属性、人口结构、受教育程度等方面，将人口统计特征属性作为控制变量，是为了体现出各个家庭的异质性。因此，本书设定如下计量模型：

$$\ln(con_i) = \alpha + \beta \ln(inc_i) + \delta \ln(finwealth_i) + \varepsilon \ln(hp_i) + \epsilon D_i + \mu \quad （式6-1）$$

其中，i=1时，代表租房家庭；i=2时，代表家庭有且仅有一套住房；i=3时，代表家庭有两套或者两套以上住房。

6.2.3 实证研究

根据中国家庭金融调查（CHFS）2019年数据，在受访的34 643户居民中，城镇居民家庭共计22 307户，农村家庭共计12 336户。在城镇居民家庭的22 307户居民中，租赁住房的家庭共有2 873户，仅有一套住房的家庭有15 247户，拥有两套及两套以上的城镇居民家庭有4 187户。拥有不同住房选择属性的家庭主要变量的描述性统计结果如表6-2所示。

表6-2 不同租买选择住房家庭模型主要变量的描述性统计

	租赁家庭主要变量描述性统计			仅有一套房家庭主要变量描述性统计			两套或者两套以上家庭主要变量描述性统计		
	con	hp	inc	con	hp	inc	con	hp	inc
样本值	2 873	1 879	2 694	15 247	921	14 231	4 187	210	3 996
均值	106 023.4	3.52e+08	96 274.6	91 626.18	3.69e+0.8	79 043.7	137 395.2	3.14e+08	145 909.6
标准差	109 332.9	1.75e+09	169 506.8	1 375 006	2.09e+0.9	511 132.9	181 733.2	9.01e+08	227 981.8
最小值	3 510	100 000	1 500	1 188	100 000	1 500	5 244	390 000	1 500
最大值	1 692 708	5.00e+10	4 500 000	1.70e+0.8	4.25e+10	6.00e+0.7	5 221 200	1.20e+10	5 000 000

本书的研究对象是城镇居民家庭，家庭消费支出作为因变量，家庭收入、金融财富、住房价值作为自变量，除此之外，还要引入人口统计特征的控制变量，控制变量主要包括了受教育程度水平（其中，小学和初中文化=1，其余=0；高中、中专、大专和大学=1，其余=0；大学以上（硕士和博士文化）=1，其余=0）、年龄阶段（其中按照户主的出生年份计算得到年龄，由于主要研究的是住房价格和消费的关系，考虑到25岁年龄以下的未到适婚年龄且经济收入较低，所以未列入考虑，将

居民的年龄阶段分为25~44岁、45~64岁以及65岁以上三个阶段）。将以上变量按照住房拥有属性分为租赁家庭、仅拥有一套住房家庭、拥有两套及两套以上住房家庭的三种类型进行回归，得到的回归结果见表6-3。

表6-3　不同租买选择家庭住房价格波动对居民消费影响回归结果

<table>
<tr><td colspan="2" rowspan="2">自变量</td><td>模型（1）</td><td>模型（2）</td><td>模型（3）</td></tr>
<tr><td>租赁家庭</td><td>仅拥有一套住房家庭</td><td>拥有两套及两套以上住房家庭</td></tr>
<tr><td colspan="2" rowspan="2">ln（hp）</td><td>0.054***</td><td>0.051***</td><td>0.043***</td></tr>
<tr><td>（0.01）</td><td>（0.01）</td><td>（0.02）</td></tr>
<tr><td colspan="2" rowspan="2">ln（inc）</td><td>0.383</td><td>0.415***</td><td>0.414***</td></tr>
<tr><td>（0.02）</td><td>（0.04）</td><td>（0.02）</td></tr>
<tr><td colspan="2" rowspan="2">ln（finwealth）</td><td>0.035***</td><td>0.034***</td><td>0.026***</td></tr>
<tr><td>（0.01）</td><td>（0.02）</td><td>（0.01）</td></tr>
<tr><td>控制变量</td><td colspan="4"></td></tr>
<tr><td rowspan="6">受教育程度</td><td>小学和初中=1</td><td>-0.008</td><td>0.255</td><td>0.032</td></tr>
<tr><td></td><td>（0.01）</td><td>（0.18）</td><td>（0.061）</td></tr>
<tr><td>高中和大学=1</td><td>0.027</td><td>0.227***</td><td>0.061**</td></tr>
<tr><td></td><td>（0.08）</td><td>（0.19）</td><td>（0.06）</td></tr>
<tr><td>大学以上=1</td><td>0.172**</td><td>0.608***</td><td>0.233***</td></tr>
<tr><td></td><td>（0.09）</td><td>（0.25）</td><td>（0.08）</td></tr>
<tr><td rowspan="6">年龄</td><td rowspan="2">25~44岁</td><td>0.023</td><td>0.204</td><td>0.004</td></tr>
<tr><td>（0.04）</td><td>（0.14）</td><td>（0.04）</td></tr>
<tr><td rowspan="2">45~64岁</td><td>-0.172***</td><td>-0.035***</td><td>-0.220**</td></tr>
<tr><td>（0.05）</td><td>（0.13）</td><td>（0.04）</td></tr>
<tr><td rowspan="2">65岁以上</td><td>-0.267</td><td>-0.095</td><td>-0.407***</td></tr>
<tr><td>（0.06）</td><td>（0.14）</td><td>（0.04）</td></tr>
<tr><td colspan="2" rowspan="2">Constant</td><td>5.821***</td><td>5.054***</td><td>5.458***</td></tr>
<tr><td>（0.216）</td><td>（0.423）</td><td>（0.184）</td></tr>
</table>

注：括号内为t值。***代表在1%置信度区间内显著，**代表在5%置信度区间内显著。以下同。

6.2.4 实证结论

（1）从回归结果来看，我国住房价格对于租赁住房家庭、只拥有一套住房家庭和拥有至少两套住房的家庭的消费的影响均呈现挤入效应，住房价格每上升1%，这三类家庭的消费水平会分别提高0.054%、0.051%和0.043%。同时，租赁住房家庭金融财富每上升1%，家庭消费将增加0.035%，仅拥有一套住房的家庭金融财富每上升1%，家庭消费将增加0.034%，拥有两套及两套以上住房的家庭金融财富上升1%，家庭消费将增加0.026%。对于住房价值的增加，租赁住房家庭的敏感程度最高，可能的原因有以下两点：一是由于城镇家庭中租赁住房家庭总样本量较小，并不能说明全部的问题；二是由于租赁住房家庭的收入较低，对于价格较高的住房不具备购买能力，从而购买住房或者推迟购买住房，所以这个期间会提高自身的消费水平，而对于拥有一套住房和拥有两套以上住房的家庭来说，房价与居民家庭的消费也具有正相关关系，但是拥有两套以上住房家庭，房价对其消费的影响程度不及拥有一套住房的家庭。可能的原因有两点：一是房价的上升会使得拥有多套住房的家庭住房财富增加，但增加的住房财富可能并没有转换成可兑现的住房财富，因此对于家庭消费的传导和促进作用不明显。二是拥有多套住房的家庭由于房价上涨带来的住房财富很高，这部分家庭的边际消费倾向呈递减趋势，因此房价对于消费的影响并不显著。

（2）从控制变量受教育程度来看，根据租买选择的不同，房价上涨对居民消费水平的影响也有所不同，从纵向上来说，受教育程度越高，房价上涨对居民家庭消费的正向影响越大，从横向上来说，房价上涨对拥有一套住房和拥有多套住房的家庭消费的影响并不显著。

（3）从年龄的控制变量来看，租赁住房的家庭、拥有一套住房的家庭、拥有两套及两套以上住房的家庭，随着年龄的增加，住房价格波动对居民家庭消费的影响呈递减趋势，这与国外学者研究结果不太一致，原因可能是这些中国家庭出于预防性储蓄和代际遗传的考虑，并不会因为住房价值的增加而增加家庭的消费。

6.3 住房价格对我国不同收入水平居民消费的影响

6.3.1 研究基础

在过去的研究中，美国学者依据本国数据计算出来的边际消费倾向是在0.025~0.05之间，这就意味着每增加1美元财富会增加2.5~5美分的消费。尽管传统的生命周期假设消费取决于现期的总财富的现值，但是行为生命周期假设资产是不可替代的，这就意味着不同类别的资产边际消费倾向是不同的（Thaler，1990；Levin，1998）。

学者们集中研究住房财富效应有以下几个原因：一是住房是家庭资产中最重要的组成部分；二是Bertaut和Starr-McCluer（2002）证明1990年以后住房财富几乎占了美国家庭总财富2/3；三是相比较金融财富，住房价格的变化会带来更广泛的影响。在宏观数据研究方面，Girouard等（2001）研究得出长期住房资产的边际消费倾向为0.048，Benjamin等（2003）运用近半个世纪的数据研究得出，住房财富的边际消费倾向为0.079。在微观数据研究方面，Hoynes（1994）发现住房价格变化的总效应，分为住房储蓄率和非住房储蓄率。当住房价格上涨10%，会导致住房储蓄率增加2.28%，对非住房储蓄率变化很小。Case等（2003）为避免宏观数据和微观数据研究的缺点，运用面板模型进行研究，得出的结论是住房财富弹性在0.05~0.09之间。之前的研究尚缺乏对不同收入水平住房财富对家庭消费行为的影响研究。通常富人的边际储蓄倾向要大于穷人，这是因为预防性储蓄的动机下，资产较少的家庭通常会压缩消费，目的是使它们的财富边际消费倾向高于那些拥有较高资产的家庭。

6.3.2 模型设定

本章的模型设定与前文设定基本一致，选取城镇居民家庭消费性支出（con）、住房价值（hp）、家庭总收入（inc）、金融财富（finwealth）、人口统计特征（D）等变量进行实证分析。其中，人口统计特征主要包括家庭的地域属性、人口结构、受教育程度等方面，将人口统计特征属性作为控制变量，是为了体现出各个家庭的异质性。本章设定的计量模型如下：

$$\ln(con_i) = \alpha + \beta\ln(inc_i) + \delta\ln(finwealth_i) + \varepsilon\ln(hp_i) + \epsilon D_i + \mu \quad （式6-2）$$

其中，i=1时，代表低收入家庭；i=2时，代表中等收入家庭；i=3时，代表高收入家庭。

下面将在租买选择的基础上，将每一个住房选择属性下不同收入层级的居民家庭进行分类，分别讨论租赁住房、仅拥有一套住房、拥有两套及两套以上住房家庭中的低收入家庭、中等收入家庭、高收入家庭消费支出对住房价格波动的反应。

6.3.3 实证分析

按照租买住房的属性，把城镇租赁住房家庭、仅拥有一套住房家庭、拥有两套及两套以上住房家庭按照低收入（1/3）、中等收入（1/3）、高收入（1/3）分为三类，不同类别的居民家庭住房价格对不同收入层级居民家庭消费的回归结果如表6-4、表6-5、表6-6所示。

表6-4　**租赁住房家庭：住房价格对不同收入阶层居民家庭消费的实证分析**

自变量		模型（1）	模型（2）	模型（3）
		低收入	中等收入	高收入
ln（hp）		0.079***	0.046***	0.034***
		（0.0195）	（0.00956）	（0.0163）
ln（inc）		0.193***	0.403***	0.424***
		（0.0532）	（0.0176）	（0.0395）
ln（finwealth）		0.0452***	0.0312***	0.0181
		（0.0142）	（0.00778）	（0.0150）
Constant		6.844***	5.544***	5.863***
		（0.564）	（0.214）	（0.535）
控制变量				
受教育程度	小学和初中=1	0.109**	0.166***	-0.173**
		（0.131）	（0.0816）	（0.187）

续表

自变量		模型（1）	模型（2）	模型（3）
		低收入	中等收入	高收入
受教育程度	高中和大学=1	0.231*	0.358***	0.177**
		（0.134）	（0.0868）	（0.188）
	大学以上=1	0.549***	0.0428***	0.0576**
		（0.156）	（0.0814）	（0.184）

注：括号内为t值。***代表在1%置信度区间内显著，**代表在5%置信度区间内显著，*代表在10%置信度区间内显著。以下同。

表6-5　**仅拥有一套住房家庭：住房价格对不同收入阶层居民家庭消费的实证分析**

自变量		模型（1）	模型（2）	模型（3）
		低收入	中等收入	高收入
ln（hp）		0.104***	0.0367***	0.0415***
		（0.0326）	（0.0194）	（0.0396）
ln（inc）		0.158	0.413***	0.652***
		（0.0820）	（0.0426）	（0.131）
ln（finwealth）		0.0404***	0.0384***	0.00489
		（0.0266）	（0.0169）	（0.0449）
Constant		6.348***	5.114***	4.535***
		（0.813）	（0.415）	（1.644）
控制变量				
受教育程度	小学和初中=1	0.235**	0.249***	0.115**
		（0.212）	（0.181）	（0.590）
	高中和大学=1	0.369*	0.271***	0.130**
		（0.242）	（0.188）	（0.590）
	大学以上=1	0.565**	0.662***	0.759***
		（0.297）	（0.220）	（0.630）

注：括号内为t值。***代表在1%置信度区间内显著，**代表在5%置信度区间内显著，*代表在10%置信度区间内显著。以下同。

表6-6　**拥有两套及以上住房家庭：住房价格对不同收入阶层居民家庭消费的实证分析**

自变量		模型（1）	模型（2）	模型（3）
		低收入	中等收入	高收入
ln（hp）		0.0770***	0.0508***	0.0448***
		（0.0158）	（0.00874）	（0.0155）
ln（inc）		0.248	0.436***	0.476***
		（0.0410）	（0.0161）	（0.0380）
ln（finwealth）		0.0391***	0.0265***	0.0196
		（0.0112）	（0.00671）	（0.0133）
Constant		6.145***	4.970***	5.188***
		（0.416）	（0.183）	（0.507）
控制变量				
受教育程度	小学和初中=1	0.212**	0.0993***	-0.354**
		（0.0886）	（0.0615）	（0.166）
	高中和大学=1	0.382***	0.260***	-0.176**
		（0.095）	（0.0625）	（0.162）
	大学以上=1	0.788**	0.521***	-0.00289***
		（0.120）	（0.0688）	（0.165）

6.3.4　实证结论

本章将不同租买选择的家庭按照收入层级的不同进行分类，研究住房价格波动对城镇居民消费之间的关系，得到的主要结论有：

（1）在控制了教育程度的人口特征因素后，住房价格对租赁住房家庭中低收入家庭、中等收入家庭和高收入家庭消费的影响系数分别为0.079、0.046和0.034。这意味着随着收入的增加，房价上升对于租赁住房家庭消费的影响逐渐减弱。这一点是符合规律的，因为高昂的房价对于低收入家庭来说难以承担，所以会提高低收入家庭的消费水平，而相对具有较高收入的家庭有购买住房的倾向，所以当房价升高时，为了购买自有住房会减少家庭消费，但这种基础效应并不太明显。对于拥有一套住房和拥有两套及两套以上住房的家庭来说，房价升高对于家庭消费能力都有促进作用，但是这种促进作用随着收入水平的提高，基本上呈递减趋势，可能的原因是自有住房家庭当收入升高时，为了满足改善性住房的需求会减少消费，增加储蓄。

（2）同样可以看到，租赁住房家庭收入水平越高对应的消费会越低，可能的原因是，租赁住房家庭中，具有高收入水平的家庭为了购买自有住房可能会降低居民家庭消费水平。拥有一套住房或者拥有两套及两套以上住房的家庭，收入水平越高相应的消费会相应减少，一方面是为了满足改善性住房的需求，另一方面也有可能是由于住房价格的升高所形成的财富相对于自身财富来说，不够明显。

（3）对于受教育程度控制变量来说，无论是租赁住房还是拥有一套房或多套房的居民家庭，受教育程度越高，显示出的相关系数都越大。

6.4 住房价格对不同年龄结构居民消费的作用关系

6.4.1 研究基础

LC-PIH理论解释了年龄结构对于消费行为的影响，即在青年时期和老年时期，消费一般大于收入，而在中年时期，收入则会大于消费。Elmendorf和Sheiner（2000）讨论了人口老龄化对于美国最优消费路径的影响，人口老龄化将会加大政府财政支出，降低社会整体消费水平。Hock和Weil（2006）重点以代际转移为视角，研究了人口年龄结构、经济依赖性和出生率之间的相互关系，短期来看，出生率下降将会带来消费的增加，但从长期来看，这种效应将被人口老龄化所抵消。由于不同年龄阶段的消费倾向不同，人口年龄构成对居民消费行为产生重要影响，这一点在研究我国国内消费问题时也应成为重要的影响因素。在没有实行计划生育之前，国内人口出生率较高。从短期来看，人口出生率的提高会使总人口数量增加，提高短期少年抚养比。从长期来看，人口出生率的变化还会持续影响未来的就业和老龄化问题。高的人口出生率会导致未来劳动人口增加，就业出现高峰，由于“人口红利”的存在，生产产出会增加，同时社会总抚养比会下降，有助于提高居民消费水平。但是另一方面，就业高峰的出现又会降低人均资本存量，激烈的就业竞争会降低劳动者的工资水平，进而降低居民消费。随着这部分人口的进一步老化，会出现较为严重的老龄化问题。从短期来看，老龄人口的增加可能会增加短期消费，但老龄化的出现会导致劳动人口减少，降低社会总产出和社会整体消费水平。王霞（2012）运用协整理论实证检验了我国1978—2009年人口年龄结构和居民消费等相关数据，证明两者之间存在协整关系，认为我国人口年龄结构与居民消费率之间存在长期均衡关系。

6.4.2 模型设定

模型设定与前文设定基本一致，选取城镇居民家庭消费性支出（con）、住房价值（hp）、家庭总收入（inc）、金融财富（finwealth）、人口统计特征（D）等变量进行实证分析。其中，人口统计特征主要包括家庭的地域属性、人口结构、受教育程度等方面，将人口统计特征属性作为控制变量，是为了体现出各个家庭的异质性。本章设定的计量模型如下：

$$\ln(con_i) = \alpha + \beta\ln(inc_i) + \delta\ln(finwealth_i) + \varepsilon\ln(hp_i) + \epsilon D_i + \mu \quad \text{（式 6-3）}$$

其中，i=1时，代表25~44岁年龄组家庭；i=2时，代表中等收入家庭45~64岁年龄组家庭；i=3时，代表65岁以上年龄组家庭。

6.4.3 实证分析

将年龄层次划分为25~44岁，45~64岁和65岁以上，按照租赁住房、仅拥有一套住房、拥有两套及以上住房家庭的住房价格对消费的影响进行回归分析，回归结果见表6-7至表6-9。

表6-7 租赁住房的家庭：消费对于住房价格变动影响回归分析（不同年龄组）

自变量		模型（1）	模型（2）	模型（3）
		25~44岁	45~64岁	65岁以上
ln（hp）		0.054***	0.026***	0.068***
		（0.02）	（0.02）	（0.02）
ln（inc）		0.322***	0.322***	0.382***
		（0.03）	（0.03）	（0.03）
ln（finwealth）		0.040***	0.041***	0.056***
		（0.02）	（0.01）	（0.02）
Constant		4.949***	5.881***	6.167***
		（0.495）	（0.375）	（0.542）
控制变量				
受教育程度	小学和初中=1	0.558**	0.140***	-0.224
		（0.293）	（0.135）	（0.126）
	高中和大学=1	0.554*	0.235***	-0.302**
		（0.293）	（0.139）	（0.143）
	大学以上=1	0.664**	0.418***	0.569***
		（0.310）	（0.354）	（0.622）

注：括号内为t值。***代表在1%置信度区间内显著，**代表在5%置信度区间内显著，*代表在10%置信度区间内显著。以下同。

表6-8 仅有一套住房家庭消费对于住房价格变动影响回归分析（不同年龄组）

自变量	模型（1）	模型（2）	模型（3）
	25~44岁	45~64岁	65岁以上
ln（hp）	0.057***	0.037***	0.015***
	（0.0301）	（0.0574）	（0.0315）
ln（inc）	0.412***	0.389***	0.380***
	（0.122）	（0.0674）	（0.0794）

续表

自变量		模型（1）	模型（2）	模型（3）
		25~44 岁	45~64 岁	65 岁以上
ln（finwealth）		0.0529***	0.0314***	0.0299***
		（0.0254）	（0.0305）	（0.0551）
Constant		5.509***	5.870***	4.735***
		（1.566）	（0.656）	（0.696）
控制变量				
受教育程度	小学和初中=1	0.263	-0.101***	0.684**
		（0.711）	（0.235）	（0.316）
	高中和大学=1	0.109*	0.0586***	0.466**
		（0.698）	（0.245）	（0.344）
	大学以上=1	0.777**		
		（0.847）		

注：括号内为t值。***代表在1%置信度区间内显著，**代表在5%置信度区间内显著，*代表在10%置信度区间内显著。以下同。

表6-9　**拥有两套及两套以上住房家庭消费对于住房价格变动影响回归分析（不同年龄组）**

自变量	模型（1）	模型（2）	模型（3）
	25~44 岁	45~64 岁	65 岁以上
ln（hp）	0.0311***	0.0712***	0.0574***
	（0.0145）	（0.0186）	（0.0184）
ln（inc）	0.384***	0.399***	0.437***
	（0.0375）	（0.0298）	（0.0297）
ln（finwealth）	0.0380***	0.0359***	0.0209***
	（0.0146）	（0.0119）	（0.0127）
Constant	5.110***	5.229***	5.145***
	（0.438）	（0.340）	（0.371）

续表

自变量		模型（1）	模型（2）	模型（3）
		25~44岁	45~64岁	65岁以上
控制变量				
受教育程度	小学和初中=1	0.382**	0.0943***	-0.0076**
		（0.247）	（0.117）	（0.0820）
	高中和大学=1	0.388*	0.150***	-0.00107**
		（0.246）	（0.120）	（0.0993）
	大学以上=1	0.465**	0.399***	0.960***
		（0.266）	（0.358）	（0.619）

注：括号内为t值。***代表在1%置信度区间内显著，**代表在5%置信度区间内显著，*代表在10%置信度区间内显著。以下同。

6.4.4 实证结论

通过三组回归结果的对比，可以得到以下结论：

（1）对于租赁住房的家庭中的25~44岁，45~64岁和65岁以上年龄组来说，房价上升对于消费的影响系数分别为0.054、0.026和0.068，可能的原因是45~64岁的群体一般都处于个人事业发展的最高峰，租赁家庭有可能会为拥有住房而减少家庭的消费，所以相对于25~44岁年龄阶段来说较低，而65岁之后由于已经处于退休的年龄，对于没有自有住房的家庭来说，已经不具备或很少具备购买自有住房的能力，因此这类家庭会更多地用于消费支出，家庭收入增加使得边际消费倾向随着年龄的增加呈递增趋势。

（2）对于拥有一套住房的家庭中的25~44岁，45~64岁和65岁以上年龄组来说，住房价格的增加对消费的影响随着年龄的增加呈现递减趋势，房价上升对于消费的影响系数分别为0.057、0.037和0.015，这可能是由于仅拥有一套住房的家庭考虑到代际遗传属性、预防性储蓄或者是改善性住房的需求，而较少消费。而且，这类家庭的金融财富对消费的影响随着年龄的增加也呈现递减趋势。

（3）对于拥有两套住房及两套住房以上的家庭中的25~44岁，45~64岁和65岁以上年龄组来说，房价上升对于消费的影响系数分别为0.0311，0.0712和0.0574。拥有两套及以上住房的家庭，相对来说，对于代际遗传、改善性住房需求等因素的考虑等较租赁住房家庭和仅拥有一套住房家庭较少，所面临的不确定性因素也较少，所形成的住房财富能够随着年龄的增加而提高。与此同时，边际消费倾向也呈现递增趋势。从纵向上看，随着年龄的增长，拥有两套及两套以上住房的家庭相较租赁住房和仅拥有一套住房的家庭来说，具有更显著的住房财富效应。

7 结论与建议

7.1 主要的研究结论

本书从宏观和微观两个层面研究了住房价格对居民消费的作用关系，主要结论如下：

（1）从全国层面来说，住房价格上涨对我国居民消费存在正向的财富效应。基于生命周期的基本理论模型，逐个加入预期、文化的因素，回归结果显示预期因素和文化因素会使得住房价格对居民消费作用模型的解释能力变强，文化因素是造成我国住房价格高、消费率低的原因之一。

（2）在宏观层面，本书通过信贷约束效应、不同年龄的财富效应和不同收入差距的财富效应三个视角，研究了住房价格对我国居民消费的影响机理，实证结果显示，信贷约束效应的冲击会使得我国住房价格对居民消费产生正向影响，人口老龄化的冲击对住房价格和居民消费水平影响不显著，住房价格变动对不同收入水平居民消费的住房财富效应会随着收入的增加先减弱再增强。

（3）从微观层面，本书考察了住房价格升高对于不同租买选择的家庭消费的影响。结果表明，对于租赁住房、只拥有一套住房家庭和拥有至少两套住房的家庭，我国住房价格对城镇居民消费的影响均呈正向作用关系，相关系数分别为0.054、0.051和0.043，且拥有至少两套住房的家庭并没有因为住房价格的提高而增加消费。

（4）从微观层面，本书在控制了受教育程度人口特征因素后，考察了住房价格对租赁住房家庭中低收入家庭、中等收入家庭和高收入家庭消费的影响，相关系数分别为0.079、0.046和0.034。这意味着随着收入的增加，房价上升对于住房家庭消费的影响呈递减趋势。对于拥有一套住房和拥有两套及两套以上住房的家庭来说，房价升高对于家庭消费能力都有促进作用，但是这种促进作用随着收入水平的提高，基本上呈递减趋势。

（5）本书从微观层面考察了住房价格变动对不同年龄阶段家庭消费的影响。得到的结果是：对于租赁住房的家庭中的25~44岁，45~64岁及65岁以上年龄组来说，房价上升对于消费的影响系数分别为0.054、0.026和0.068，可能的原因是对于没有自有住房的家庭来说，随着年龄的增加，已经不具备或很少具备购买自有住房的能力，因此这类家庭会更多地用于消费支出，家庭收入增加使得边际消费倾向随着年龄的增加呈递增趋势。对于拥有一套住房家庭中的25~44岁，45~64岁及65岁以上年龄组来说，住房价格的增加对消费的影响随着年龄的增加呈现递减趋势，房价上升对于消费的影响系数分别为0.057、0.037和0.015，这可能是由于仅拥有一套住房的家庭考虑到代际遗传属性、预防性储蓄或者是改善性住房的需求，而较少消费。而且，这类家庭的金融财富对消费的影响随着年龄的增加也呈现递减趋势。对于拥有两套住房及两套住房以上的家庭中的25~44岁，45~64岁和65岁以上年龄组来说，房价上升对于消费的影响系数分别为0.031，0.071和0.054。拥有两套及以上住房的家庭，相对来说，对于代际遗传、改善性住房需求等因素的考虑等较租赁住房家庭和仅拥有一套住房家庭较少，所面临的不确定性因素也较少，所形成的住房财富能够随着年龄的增加而提高。与此同时，边际消费倾向也呈现递增趋势。

7.2 政策建议

7.2.1 避免住房价格出现大幅涨落

时任国务院总理温家宝在第十一届全国人民代表大会第一次会议上所作的《政府工作报告》中指出，要“建立科学、合理的住房建设和消费模式……引导居民适度消费”。习近平总书记明确提出房子是用来住的，不是用来炒的定位。这意味着我国房地产市场应该调整回归到一个以消费为主的市场，回归到住房的本质，即满足居民的基本居住需求和改善住房的福利条件，能够为消费者提供满足居住需求和大多数居民有可支付能力的住房。要保证房价与消费能力基本相适应，让住房恢复到基本的居住功能上，防止局部房地产市场供给过剩，更重要的是要避免住房价格大幅涨落，对居民消费行为产生的影响。

此外，由于当前我国金融股票市场的不景气和真实储蓄利率的负增长，刺激居民偏好于把住房资产作为积累财富的主要途径。对此，政府在未来调控过程中，一方面可以通过建立全国联网的住房信息系统和出台房地产税，抑制居民对住房的投机性需求，避免住房价格过快上涨和猛烈下跌对居民消费产生的影响。另一方面，也要逐步拓宽居民消费和投资渠道，金融机构可提供多元化的消费信贷产品和消费信贷工具，合理引导消费者的住房需求。

7.2.2 加快完善社会保障制度

我国老龄化将进入加速时期，要提高老年人口消费水平，需要进一步加快完善社会保障制度，在过去多年的改革中，我国一直致力于完善养老、医疗等领域的政策，这些政策的完善有助于降低城镇居民支出的不确定性，改变居民消费者的预期，进而促进居民消费行为更加理性化。

未来我国在完善社会制度保障方面还应该注重保障范围的扩大，制度法规的完善、各项保障措施之间的协调和完善。除此以外，完善的社会保障体系还体现在住房保障体系的完善，这主要是反映在解决我国中低收入层级群体的基本居住需求。

我国目前正逐渐建立多层次的住房保障层级，以满足不同收入层级居民的住房需求，为保障社会“夹心层”居民居住，我国推出了公租房、共有产权住房，为社会最低收入层次的居民提供廉租房，逐渐形成了“高端有市场，中端有支持，低端有保障”的住房配置结构，但同时也应该注意到在我国现在的住房保障体系中，仍然存在覆盖面窄、保障住房的融资困难、公共住房的退出机制不健全等问题，这也是未来完善我国住房保障体系亟待解决的关键问题。

7.2.3 提高居民收入水平和完善收入分配制度

根据前文的研究结果可以看出，住房价格对我国不同收入层次的居民消费的影响存在一定差距，住房价格的升高是否会进一步扩大贫富差距有待进一步研究论证。

目前我国不同区域不同行业之间的收入差距已显现，如果这种趋势进一步扩大将会影响到社会的稳定与和谐。为缩小居民贫富差距的水平，主要可以从以下几个方面入手：

首先，要提高居民收入水平。根据消费的理论函数可知，消费水平主要取决于收入水平的高低，提高居民的收入水平可以对房价-消费产生正向的促进作用。

其次，要完善收入分配制度，健全工资增长机制，使得经济发展成果与工资水平相匹配，同时，还要注重根据不同地区、不同行业人群的收入增加城镇低收入居民补贴和福利保障标准，缩小城乡、行业和地区的收入差距。

再次，政府要提供公平的发展机会，鼓励第三产业的发展，增加就业机会，以提高居民收入水平。

最后，要缩小各层级城市之间的公共服务的差距。

由前文的分析可以得出，我国的住房需求在不同区域之间有所差异，虽然实证结果显示我国的住房价格升高目前不会挤出居民消费，但如果未来房价持续升高势必会对消费由财富效应转为替代效应或者挤出效应产生影响。因此，缩小各地区城市之间的公共服务的差距，推进地区之间的公共服务均等化，对住房资源配置进行优化，促进地区之间协调发展，这些都会对防止房价过快上涨产生积极的影响。

7.2.4 重视提高老年居民消费水平

从未来住房供应的角度来说，住房的供给会逐渐由粗放式向精细化发展。由前文的研究结论也可以得出，随着年龄的增加，住房价格的增加并没有增加自有住房居民家庭消费。其原因可能是出于预防性储蓄、代际遗传、改善性需求等原因的考虑。但在我国已经普遍步入老龄化的今天，我国社会养老体系尚不健全，以房养老是解决我国老年人多层次养老需求的新途径和有益补充。对于中国大多数的拥有住房资产的居民来说，住房资产是居民家庭所占比重最大的资产，如果通过住房反抵押的方式，将原有房地产财富释放出来，变成可以流动和消费的现金流，可以很大程度上解决政府养老的负担。但目前养老地产还存在准入门槛、服务方式、主体参与方式等很多问题。

我们建议未来在养老地产的开发和经营上，应该首先作好顶层设计，对于养老地产的盈利模式的选择、养老地产服务的地位以及如何引导老年人的消费观念都应该有准确的定位。与此同时，政府在准入门槛、信贷、税收、担保等政策上也应给予养老地产相应的鼓励和支持。

7.2.5 通过税收调节手段增加投资住房持有成本

从前文的研究结论可以看出，总体上拥有一套住房和拥有多套住房的家庭并没有因为住房价格的上升而促进居民消费，其原因可能是出于预防性储蓄、代际遗传、改善性需求等原因的考虑。我国住房市场区别于其他国家住房市场的很重要的一个方面就是住房的持有成本比较低，目前还没有征收房产税和遗产税，住房作为固定资产可以留给后代，这样的后果也容易造成贫富差距的扩大。

我国当前对于住房税收结构是重流转环节、轻持有环节，未来可以通过税收调节的手段增加投资性住房持有者的持有成本，让住房逐步回归居住的属性，减少投机性住房需求，比如可分阶段、分层次逐步推进房产税的征收，通过税收制度改革，从长期制度建设角度调节社会财富的再分配，促进社会公平性，也为促进居民消费水平提供保障。

7.3 本研究的局限性和后续研究展望

7.3.1 研究的局限性

（1）在进行实证研究的过程中，本书通过宏观和微观两个层面建立了我国住房价格对消费的作用机制，所运用的模型是基于生命周期理论的消费模型，但在原有的模型中，收入应该采用一生的持久收入在生命周期中进行平滑，而不应该采用人均可支配收入，但由于持久收入难以计量，所以本书所有收入用人均可支配收入代替，这会使模型结果产生一定的偏误。

（2）此外，微观数据仅有2019年的调研数据，未考虑时序变化带来的影响，未来的研究中可通过增加年份的样本，从时序的变化角度深入研究住房价格波动与居民消费行为结构性的变化和差异，从动态角度考量住房价格对居民消费水平的影响。

7.3.2 进一步的研究方向

进一步的研究可以考虑如下几个方向：

（1）住房价格、居民消费与经济增长的相关研究。

通过研究住房价格和居民消费关系的内在机理，可以延伸研究住房价格是否可以作为判断通货膨胀的指标，进而研究住房价格是否可以用来解释经济周期的波动。消费、投资和出口是经济发展的三个重要推动力量，通过研究住房价格波动对消费行为的影响作用机制，还可以进一步研究住房价格-消费对于宏观经济的影响，研究结果也可以为宏观调控政策制定提供参考。

（2）住房结构配置和居民消费能力的最优匹配问题研究。

住房最优配置包含三个方面的含义，一是要保证保障性住房和商品性住房的最优匹配，二是要保证居住和就业的最优匹配，三是要保证消费者的购买能力和住房属性的最优匹配。住房结构配置和居民消费能力的匹配问题，是住房价格和居民消费关系的进一步延伸，其解决方法是建立多层次的住房供给结构。政府可通过提供保障性住房的方式，增加市场住房供给，平稳住房价格。研究保障性住房和住房市场的边界以满足我国城镇常住人口的合理住房需求，对于我国构建合理的住房结构有重要的参考价值。

（3）从福利角度进一步衡量住房价格升高对居民消费的作用。

住房价格的不同是否会造成贫富差距的扩大是值得思考的一个问题。此外，除了定性分析预防性储蓄和文化因素对于住房价格与居民的消费行为关系的影响，还可以进一步探索如何运用定量的方式对这一问题进行研究论证。

参考文献

[1] 陈健，高波. 收入差距、房价与消费变动——基于面板数据联立方程模型的分析［J］. 上海经济研究，2012（2）：53-62.

[2] 陈彦斌，陈军. 我国总消费不足的原因探析——基于居民财产持有的视角［J］. 中国人民大学学报，2009（6）：80-86.

[3] 戴颖杰，周奎省. 房价变动对居民消费行为影响的实证分析［J］. 宏观经济研究，2012（3）：73-79.

[4] 戴钰. 城乡居民收入差距对消费需求影响的实证研究［J］. 统计与决策，2014（4）：105-109.

[5] 邓建，张玉新. 房价波动对居民消费的影响机制［J］. 管理世界，2011（4）：171-172.

[6] 丁晨，屠梅曾. 论房价在货币政策传导机制中的作用——基于VECM分析［J］. 数量经济技术经济研究，2007（11）：106-114.

[7] 杜冰. 城市房价变化对居民消费行为的影响——基于城市面板数据的实证分析［J］. 建筑经济，2009（8）：34-36.

[8] 杜莉，潘春阳，张苏予，等. 房价上升促进还是抑制了居民消费——基于我国172个地级城市面板数据的实证研究［J］. 浙江社会科学，2010（8）：31-37.

[9] 傅允生. 去奢从简：中国古代消费观溯源——从孔子、老子消费思想说起［J］. 现代财经，2000（10）：61-64.

[10] 高春亮，周晓艳. 34个城市的住宅财富效应：基于Panel data的实证研究

[J]. 南开经济研究，2007（1）：36-44.

[11] 胡晶晶. 住房价格上涨对城镇居民收入差距的影响机理与实证分析 [J]. 中国地质大学学报（社会科学版），2012（4）：91-96.

[12] 胡勇峰. 房价变化、家庭消费决策与风险规避——来自我国城镇家庭的证据 [J]. 中国证券期货，2013（7）：182-183.

[13] 黄娟. 荀子财富观探微 [J]. 人民论坛. 2013（20）：206-207.

[14] 黄开国. 论儒家的孝道学派——兼论儒家孝道派与孝治派的区别 [J]. 哲学研究，2003（3）：46-52.

[15] 贾俊雪，郭庆旺，宁静. 传统文化信念、社会保障与经济增长 [J]. 世界经济，2011（8）：3-18.

[16] 姜如海. 中国房地产市场投机泡沫实证分析 [J]. 管理世界，2005，（12）：71-84.

[17] 孔宪丽. 房价波动对城镇居民消费影响效应的区域差异性分析 [J]. 统计与决策，2011（24）：108-110.

[18] 李成武. 中国房地产财富效应地区差异分析 [J]. 财经问题研究，2010（2）：124-128.

[19] 李春风，陈乐一，刘建江. 房价波动对我国城镇居民消费的影响研究 [J]. 统计研究，2013（2）：14-22.

[20] 李树丞，曾华珑，李林. 房地产价格波动对货币政策传导的作用研究 [J]. 财经理论与实践，2008（11）：18-21.

[21] 李向前，谭小芬，郭强. 我国房地产价格对消费的影响——基于理论与实证的考察 [J]. 现代财经，2012（2）：48-56.

[22] 李勇刚，余永虎，何宾宾. 城市化、收入差距与房价波动 [J]. 南京审计学院学报，2013（4）：9-17.

[23] 梁云芳，高铁梅. 我国商品住宅销售价格波动成因的实证分析 [J]. 管理世界，2006（8）：76-82.

[24] 刘旦. 中国城镇住宅价格与消费关系的实证研究——基于生命周期假说的宏观消费函数 [J]. 上海财经大学学报，2008（1）：80-87.

[25] 刘兰凤，袁申国. 住房价格、住房投资、消费与货币政策——基于金融加速器效应的DSGE模型研究 [J]. 广东金融学院学报，2011（5）：3-15.

[26] 刘雅文. 老子经济思想探讨 [J]. 东北师大学报（哲学社会版）. 2006（3）：47-50.

[27] 龙志和，周浩明. 中国城镇居民预防性储蓄实证研究 [J]. 经济研究，2000（11）：33-38.

[28] 罗楚亮. 经济转轨、不确定性与城镇居民消费行为 [J]. 经济研究，2004

(4)：100-106.

[29] 孙凤，王玉华．中国居民消费行为研究［J］．统计研究，2001（4）：24-29.

[30] 孙凤．预防性储蓄理论与中国居民消费行为［J］．南开经济评论，2001（1）：54-58.

[31] 孙涛，黄少安．非正规制度影响下中国居民储蓄、消费和代际支持的实证研究——兼论儒家文化背景下养老制度安排的选择［J］．经济研究，2010（增刊）：51-61.

[32] 万广华，张茵，牛建高．流动性约束、不确定性与中国居民消费［J］．经济研究，2001（11）：35-44.

[33] 汪燕敏，金静．长期贫困、代际转移与家庭津贴［J］．经济问题探索，2013（3）：10-15.

[34] 王春萍，梁慧芝．中国住房代际转移伦理分析与政策取向［J］．求索，2011（1）：105-107.

[35] 王金明，高铁梅．对我国房地产市场需求和供给函数的动态分析［J］．软科学，2004（4）：69-74.

[36] 王金营，付秀彬．考虑人口年龄结构变动的中国消费函数计量分析——兼论中国人口老龄化对消费的影响［J］．人口研究，2006（1）：29-36.

[37] 王劲松．收入代际转移动机理论评述［J］．经济学动态，2002（2）：76-80.

[38] 王宇鹏．人口老龄化对我国城镇居民消费行为的影响研究［J］．中国人口科学，2011（1）：64-73.

[39] 王子龙，许箫迪，徐浩然．房地产市场财富效应理论与实证研究［J］．财贸经济，2008（12）：116-122.

[40] 肖卫国，郑开元，袁威．住房价格、消费与中国货币政策最优选择：基于异质性房价预期的视角［J］．经济评论，2012（2）：105-115.

[41] 徐小鹰．房价上涨影响居民消费的作用机制分析［J］．经济问题，2012（10）：11-16.

[42] 杨东，赵树宽．我国近十年商品住宅需求的弹性变化［J］．社会科学研究，2013（4）：27-31.

[43] 杨韶坤．论荀子的消费伦理思想及其现代价值［J］．河南师范大学学报（哲学社会科学版）．2004（5）：81-83.

[44] 杨天宇，柳晓霞．满足消费最大化的最优居民收入差距研究［J］．经济学家，2008（1）：77-85.

[45] 叶德珠，连玉君，黄有光，等．消费文化、认知偏差与消费行为偏差［J］．经济研究，2012（2）：80-92.

[46] 叶世昌．中国传统消费观述要［J］．世界经济文汇，2005（4）：57-61.

[47] 尹向飞，陈柳钦. 城镇居民收入差距、财富差距、收入增长与房价的因果检验：1992—2006 [J]. 河北经贸大学学报，2008（11）：16-20.

[48] 袁志刚，宋铮. 城镇居民消费行为变异与我国经济增长 [J]. 经济研究，1999（11）：20-28.

[49] 袁志刚，宋铮. 人口年龄结构、养老保险制度和最优储蓄率 [J]. 经济研究，2000（11）：24-32.

[50] 臧旭恒，裴春霞. 预防性储蓄、流动性约束与中国居民消费计量分析 [J]. 经济学动态，2004（12）：28-31.

[51] 张辉. 居民家庭住房需求总量与动机模型分析 [J]. 首都经济贸易大学学报，2007（1）：116-120.

[52] 郑思齐，刘洪玉. 住房需求的收入弹性：模型、估计与预测 [J]. 土木工程学报，2005（7）：320-324.

[53] 周建军，鞠方. 中国房地产价格波动财富效应的理论与实证研究 [J]. 财经理论与实践，2009（30）：97-101.

[54] 周建珊. 城市房价、理性消费与财富效应：理论与实证 [J]. 系统工程，2013（7）：91-98.

[55] 朱信凯，骆晨. 消费函数的理论逻辑与中国化：一个文献综述 [J]. 经济研究，2011（1）：140-153.

[56] 邹至庄，牛霖琳. 中国城镇居民住房的需求与供给 [J]. 金融研究，2010（1）：1-11.

[57] LUDWIG A，SLOK T. The impact of stock prices and house prices on consumption in OECD countries [J]. IMF Working Paper，2001，4（1）：123-125.

[58] ABDALLAH C S，LASTRAPES W D. Evidence on the Relationship between Housing and Consumption in the United States：A State-Level Analysis [J]. Journal of Money，Credit and Banking，2013，45（4）：559-590.

[59] AHEARNE A G，AMMER J，DOYLE B M，et al. House prices and monetary policy：A cross-country study [J]. International finance discussion papers，2005，841：65-78.

[60] ANDO A，MODIGLIANI F. The ‘Life Cycle’ Hypothesis of Saving：Aggregate Implications and Tests [J]. American Economic Review，1963，53（1）：55-84.

[61] ANDREAS L. Housing，Consumption，and Credit Constraints [M]. Divisions of Research & Statistics and Monetary Affairs，Federal Reserve Board，2004.

[62] AOKI K，PROUDMAN J，VLIEGHE G. House prices，consumption，and

monetary policy: a financial accelerator approach [J]. Journal of Financial Intermediation, 2004, 13 (4): 414-435.

[63] AOKI K, PROUDMAN J, VLIEGHE G. Houses as Collateral: Has the Link between House Prices and Consumption in the U.K. Changed? [J]. Federal Reserve Bank of New York Economic Policy Review, 2002, 8 (1): 163-178.

[64] ARNOLD C, CHENG S, MICHAEL K. Financial market and housing wealth effects on consumption: a permanent income approach [J]. Applied Economics, 2008, 40 (23): 3029-3038.

[65] ARON J, DUCA J V, MUELLBAUER J, et al. Credit, Housing Collateral, and Consumption: Evidence from Japan, the UK, and the US, Review of Income and Wealth [J]. 2012, 58 (3): 397-423.

[66] ARON J, MURPHY A. Housing Wealth and UK Consumption [J]. Economic Outlook, 2006, 30 (4): 11-20.

[67] ATALAY K, WHELAN S, YATES J. Housing Wealth and Household Consumption: New Evidence from Australia and Canada [J]. The University of Sydney Economics Working Paper Series, 2014, 62 (1): 69-91.

[68] ATTANASIO O P, BLOW L, HAMILTON R, et al. Booms and busts: consumption, house prices and expectations [J]. Economica, 2009, 76 (301): 20-50.

[69] ATTANASIO O P, BROWNING M. Consumption over the Life Cycle and over the Business Cycle [R]. National Bureau of Economic Research, 1993.

[70] ATTANASIO O P, WEBER G. Consumption and saving: models of intertemporal allocation and their implications for public policy [R]. National Bureau of Economic Research, 2010.

[71] ATTANASI O, LEICESTER O A, WAKEFIELD M. Do House Prices Drive Consumption Growth? The Coincident Cycles of House Prices and Consumption in The UK [J]. Journal of the European Economic Association, 2011, 9 (3): 399-435.

[72] BAGLIANO F C, MORANA C. Permanent and transitory dynamics in house prices and consumption: some implications for the real effects of the financial crisis [J]. Applied Financial Economics, 2010, 20 (1-2): 151-170.

[73] BARRETT G, LEVELL P, MILLIGAN K. A comparison of micro and macro expenditure measures across countries using differing survey methods [R]. National Bureau of Economic Research, 2013.

[74] BARRO R J. Are government Bonds Net Wealth? [J]. Journal of Political

Economy，1794，82（6）：1095-1117.

[75] BASSANETTI A，ZOLLINO F. The effects of housing and financial wealth on personal consumption：aggregate evidence for Italian households［J］. Housing Markets in Europe，2010，307-336.

[76] BELSKY E. Housing wealth effects：Housing's impact on wealth accumulation，wealth distribution and consumer spending［M］. Joint Center for Housing Studies，Harvard University，2004.

[77] BENITO A，THOMPSON J，WALDRON M，et al. House prices and consumer spending［J］. Bank of England Quarterly Bulletin，2006，46（2）：142-154.

[78] BENJAMIN J D，CHINLOY P，JUD G D. Real estate versus financial wealth in consumption［J］. The Journal of Real Estate Finance and Economics，2004，29（3）：341-354.

[79] BENJAMIN J D，CHINLOY P. Home equity，household savings and consumption［J］. The Journal of Real Estate Finance and Economics，2008，37（1）：21-32.

[80] BHATIA K B. Real estate assets and consumer spending［J］. Quarterly Journal of Economics，1987，102（2）：437-444.

[81] BOSTIC R，GABRIEL S，PAINTER G. Housing wealth，financial wealth，and consumption：New evidence from micro data［J］. Regional Science and Urban Economics，2009，39（1）：79-89.

[82] BROWNING M，GORTZ M，LETH - PETERSEN S. Housing wealth and consumption：a micro panel study［J］. The Economic Journal，2003，123（568）：401-428.

[83] BROWNING M，LETH-PETERSEN S. Imputing Consumption from Income and Wealth Information［J］. The Economic Journal，2003，113（488）：282-301.

[84] BUITER W H. Housing wealth isn't wealth［R］. National Bureau of Economic Research，2008.

[85] PIZA C，LITCHFIELD J，BALDERRAMA F. Housing demand in Brazil［J］. IDB Working Paper Series，2011，IDB-WP-261.

[86] CABALLERO R J. Consumption puzzles and precautionary savings［J］. Journal of Monetary Economics，1990，25（1）：113-136.

[87] CAGETTI M. Wealth accumulation over the life cycle and precautionary savings［J］. Journal of Business & Economic Statistics，2003，21（3）：339-353.

[88] CALZA A，MONACELLI T，STRACCA L. Mortgage markets，collateral constraints，and monetary policy：do institutional factors matter?［R］. CFS

Working Paper, 2006.

[89] CAMPBELL J Y, COCCO J F. How do house prices affect consumption? Evidence from micro data [J]. Journal of Monetary Economics, 2007, 54 (3): 591-621.

[90] CARROLL C D, OTSUKA M, SLACALEK J. How large are housing and financial wealth effects? A new approach [J]. Journal of Money, Credit and Banking, 2011, 43 (1): 55-79.

[91] CASE K E, SHILLER R J, QUIGLEY J M.Comparing wealth effects: The stock market versus the housing market [R]. NBER Working Paper No 8606, 2001.

[92] CATTE P, GIROUARD N, PRICE R W R, et al.Housing markets, wealth and the business cycle [R]. OECD Publishing Economics Department Working Paper No, 2004.

[93] CHEN J. Re-evaluating the association between housing wealth and aggregate consumption: new evidence from Sweden [J]. Journal of Housing Economics, 2006, 15 (4): 321-348.

[94] CHENG A C, FUNG M K. Financial market and housing wealth effects on consumption: a permanent income approach [J]. Applied Economics, 2008, 40 (23): 3029-3038.

[95] CHOU W L, SHIH Y C.Hong Kong housing markets: Overview, tenure choice, and housing demand [J]. The Journal of Real Estate Finance and Economics, 1995, 10 (1): 7-21.

[96] CRISTINI A, SEVILLA A. Do House Prices Affect Consumption? A Re-assessment of the Wealth Hypothesis [R]. IZA Discussion Paper, 2013.

[97] DE LEEUW F.The demand for housing: A review of cross-section evidence [J]. The Review of Economics and Statistics, 1971, 53 (1): 1-10.

[98] DIAZ A, LUENGO-PRADO M J.The Wealth Distribution With Durable Goods [J]. International Economic Review, 2010, 51 (1): 143-170.

[99] DVORAKOVA S, SEIDLER J.The influence of housing price developments on household consumption: Empirical analysis for the Czech Republic [R]. IES Working Paper, 2012.

[100] ELLIOT J W. Wealth and wealth proxies in a permanent income model [J]. Quarterly Journal of Economics, 1980, 95: 9-35.

[101] ENGELHARDT G V. House prices and home owner saving behavior [J]. Regional Science and Urban Economics, 1996, 26 (3): 313-336.

[102] ENGELHARDT G V. House prices and the decision to save for down payments

[J]. Journal of Urban Economics, 1994, 36 (2): 209 - 237.

[103] ERMISCH J F, FINDLAY J K.The price elasticity of housing demand in Britain: Issues of sample selection [J]. Journal of Housing Economics, 1996, 3 (5): 64-86.

[104] FABIA L. The Housing Wealth Effect on Consumption Reconsidered [R]. Economics Discussion Papers, 2014.

[105] FABIO C, BAGLIAN O, CLAUDIO M.Permanent and transitory dynamics in house prices and consumption: some implications for the real effects of the financial crisis [J]. Applied Financial Economics, 2010, 20 (1-2): 151-170.

[106] FERNANDEZ-VILLAVERDE J, KRUEGER D. Consumption and saving over the life cycle: how important are consumer durables? [J]. Macroeconomic Dynamics, 2011, 15 (5): 725-770.

[107] FISHER L A, OTTO G, VOSS G M.The response of Australian consumption to housing wealth [J]. Journal of Macroeconomics, 2010, 32 (1): 284-299.

[108] FLAVIN M, YAMASHITA T. Owner-occupied housing and the composition of the household portfolio [J]. American Economic Review, 2002, 92 (1): 345-362.

[109] GAN J.Housing wealth and consumption growth: Evidence from a large panel of households [J]. Review of Financial Studies, 2010, 23 (6): 2229-2267.

[110] GATHERGOO J. How do consumers respond to house price declines? [J]. Economics Letters, 2012, 115 (2): 279-281.

[111] GRANT C, PELTONEN T A. Housing and equity wealth effects of Italian households [J]. European central bank , working paper series, 2008, 65 (7): 857-861.

[112] GROSS D B, SOULELES N S. Do liquidity constraints and interest rates matter for consumer behavior? Evidence from credit card data [J]. The Quarterly Journal of Economics, 2002, 117 (1): 149-185.

[113] HALL R E.Stochastic implication of the life-cycle permanent income hypothesis: theory and evidence [J]. Journal of Political Economy, 1978, 86 (6): 971.

[114] HAMBURG B, HOFFMANN M, KELLER J. Consumption, wealth and business cycles in Germany [J]. Empirical Economics, 2008, 34 (3): 451-476.

[115] HAURIN D R, HENDERSHOTT P W.Wealth accumulation and housing choices of young households: an exploratory investigation [J]. Journal of Housing

Research , 1996, 7 (1): 33-57.

[116] HOLBROOK M B, HIRSCHMAN E C.The experiential aspects of consumption: consumer fantasies, feelings, and fun [J]. Journal of Consumer Research, 1982, 9 (2): 132-140.

[117] HOUTHAKKER H S. Some Calculations of Electricity Consumption in Great Britain [J]. Journal of the Royal Statistical Society, 1951, 114 (3): 351-371.

[118] IACOVIELLO M, PAVAN M.Housing and debt over the life cycle and over the business cycle [J]. Journal of Monetary Economics, 2013, 60 (2): 221-238.

[119] IACOVIELLO M. Housing wealth and consumption [J]. International Encyclopedia of Housing and Home, 2011, 15 (4): 321-348.

[120] IACOVIELL O, MATTEO S. Housing Market Spillovers: Evidence from an Estimated DSGE Model [J]. American Economic Journal: Macroeconomics, 2010, 2 (2): 125-164.

[121] IACOVIELL O, MATTE O. Consumption, House Prices, and Collateral Constraints: A Structural Econometric Analysis [J]. Journal of Housing Economics, 2004, 13 (4): 304-320.

[122] IACOVIELLO M.House Prices, Borrowing Constraints and Monetary Policy in the Business Cycle [J]. American Economic Review, 2005, 3: 739-764.

[123] BRUECKNER K.Consumption and Investment Motives and the Portfolio Choices of Homeowners [J]. Journal of Real Estate Finance and Economics, 1997, 15 (2): 159-180.

[124] JESKE K, KRUEGER D, MITMAN K.Housing and the macroeconomy: the role of implicit guarantees for government-sponsored enterprises [R]. Federal Reserve Bank of Atlanta, 2005.

[125] JUSTER F T, LUPTON J P, SMITH J P, et al.The decline in household saving and the wealth effect [J]. Review of Economics and Statistics, 2006, 88 (1): 20-27.

[126] KHAN H, REZA A.House Prices, Consumption, and Government Spending Shocks [R]. Carleton University, Department of Economics, 2013.

[127] KIM K.Housing and the Korean economy [J]. Journal of Housing Economics, 2004, 13 (4): 321-341.

[128] KING A.An Econometric Model of Tenure Choice and Demand for Housing as a Joint Decision [J]. Journal of Public Economics, 1980, 14: 127-159.

[129] KING R G, PLOSSER C I, STOCK, et al. Stochastic trends and economic fluctuations [J]. American Economic Review, 1991, 81: 819–840.

[130] KISHOR N K. Does consumption respond more to housing wealth than to financial market wealth? If so, why? [J]. The Journal of Real Estate Finance and Economics, 2007, 35 (4): 427–448.

[131] KLYUEV V, MILLS P S. Is Housing Wealth an ATM? The Relationship Between Household Wealth, Home Equity Withdrawal, and Saving Rates [M]. International Monetary Fund, 2006.

[132] KOTTIS A. Impact of migration on housing in urban areas [J]. The Annals of Regional Science, 1971, 5 (1): 117–124.

[133] LEE H K, KONG M K. Consumption of durable goods and tests of the permanent income hypothesis: evidence from Korean macro data [J]. Applied Economics, 2000, 32 (1): 39–44.

[134] LEHNERT A. Housing, consumption, and credit constraints [J]. Staff working papers in the Finance and Economics Discussion Series, 2004, 21 (2004-63): 49.

[135] LELAND H E. Saving and uncertainty: The precautionary demand for saving [J]. The Quarterly Journal of Economics, 1968, 82 (3): 465–473.

[136] LETTAU M, LUDVIGSON S C. Understanding trend and cycle in asset values: reevaluating the wealth effect on consumption [J]. American Economic Review, 2004, 94 (1): 276–299.

[137] LEUNG C. Macroeconomics and housing: a review of the literature [J]. Journal of Housing Economics, 2004, 13 (4): 249–267.

[138] LEVIN L. Are assets fungible? Testing the behavioral theory of life-cycle savings [J]. Journal of Economic Behavior & Organization, 1998, 36 (1): 59–83.

[139] LI W, YAO R. The Life-Cycle Effects of House Price Changes [J]. Journal of Money, Credit and banking, 2007, 39 (6): 1375–1409.

[140] SLOK T. Consumption and Investment Motives in Housing Wealth Accumulation: A French Study [J]. Journal of Urban Economics, 2001, 50 (1): 112–137.

[141] LUDWIG A, SLOK T. The impact of stock prices and house prices on consumption in OECD countries [J]. IMF Working Paper, 2001, 10: 29–31.

[142] LUDWIG A, SLOK T. The relationship between stock prices, house prices and consumption in OECD countries [J]. Topics in Macroeconomics, 2004, 4 (1): 1–22.

[143] LUSTIG H, VAN N S. Can housing collateral explain long-run swings in asset

returns? [R]. National Bureau of Economic Research, 2006.

[144] MAHESWARAN D, SHAVITT S.Issues and new directions in global consumer psychology [J]. Journal of Consumer Psychology, 2000, 9 (2): 59-66.

[145] MATIAS F, FIDEL G.Housing demand In Mexico [J]. Journal of Housing Economics, 2009, 18 (1): 1-12.

[146] MIAN A R, SUFI A.House prices, home equity-based borrowing, and the US household leverage crisis [R]. National Bureau of Economic Research, 2009.

[147] MISHKIN F S.Housing and the monetary transmission mechanism [R]. National Bureau of Economic Research, 2007.

[148] MUELLBAUER J.Housing, credit and consumer expenditure [M]. Centre for Economic Policy Research, 2008.

[49] MUELLBAUER J, LATTIMORE R.The consumption function: a theoretical and empirical overview [J]. Handbook of Applied Econometrics, 1995, 1: 221-311.

[150] NAVARRO M L, DE FRUTOS R F.Consumption and housing wealth breakdown of the effect of a rise in interest rates [J]. Applied Economics, 2012, 44 (16): 2091-2110.

[151] KITASAKA S, YAMAOKA H.An Empirical Re-evaluation of Wealth Effects in Japanese Household Behavior [J]. Japan and the World Economy, 1996, 8 (4): 423-442.

[152] OIKARINEN E.Interaction between housing prices and household borrowing in Finland [R]. ETLA discussion paper, 2008.

[153] ORTALO-MAGNE F, RADY S.Tenure choice and the riskiness of non-housing consumption [J]. Journal of Housing Economics, 2002, 11 (3): 266-279.

[154] OTROK C, TERRONES M E.House prices, interest rates and macroeconomic fluctuations: international evidence [J]. Unpublished manuscript, 2005, 20 (2): 112.

[155] PAIELLA M.Does wealth affect consumption? Evidence for Italy, Journal of Macroeconomics, 2007, 29: 189-205.

[156] PALUMBO M, RUDD J. On the relationships between real consumption, income, and wealth [J]. Journal of Business & Economic Statistics, 2006, 24 (1): 1-11.

[157] PHANG S Y.House prices and aggregate consumption: do they move together? Evidence from Singapore [J]. Journal of Housing Economics, 2004, 13 (2): 101-119.

[158] PIAZZESI M, SCHNEIDER M, TUZEL S. Housing, consumption and asset pricing [J]. Journal of Financial Economics, 2007, 83 (3): 531-569.

[159] PICHETTE L, TREMBLAY D. Are wealth effects important for Canada? [J]. Bank of Canada Working Paper, 2003, 30: 123-125.

[160] PIYUSH T. Housing demand in Tokyo [J]. Internaional Real Estate Review, 2000, 3 (1): 65-92.

[161] POTERBA J M. Stock market wealth and consumption [J]. Journal of Economic Perspectives, 2000, 14: 99-118.

[162] RAPACH D, JACK S. The Long-Run Relationship between Consumption and Housing Wealth in the Eight District States [J]. Federal Reserve Bank of Saint Louis Regional Economic Development, 2006, 2 (2): 104-147.

[163] RIOS-RULL V, SANCHEZ V. Aggregate Shocks and House Price Fluctuations [R]. Working paper University of Minnesota, 2009.

[164] SEVILLA A, CRISTINI A. Do House Prices Affect Consumption? A Comparison Exercise [R]. University of Oxford, Department of Economics, 2011.

[165] SHEFRIN H M, THALER R H. The behavioral life - cycle hypothesis [J]. Economic Inquiry, 1988, 26 (4): 609-643.

[166] SHEINER L. Housing prices and the savings of renters [J]. Journal of Urban Economics, 1995, 38 (1): 94-125.

[167] SHILLER R J. Understanding recent trends in house prices and home ownership [R]. NBER Working Paper Series No 13553, 2007.

[168] SKINNER J. Housing wealth and aggregate saving [J]. Regional Science and Urban Economics, 1989, 19 (2): 305-324.

[169] SKINNER J S. Is housing wealth a sideshow? [M]. In Advances in the Economics of Aging, National Bureau of Economic Research Report, 1996.

[170] SLACALEK J. What drives personal consumption? The role of housing and financial wealth [J]. The BE Journal of Macroeconomics, 2009, 9 (1): 195-198.

[171] SMITH M. Evaluating household expenditures and their relationship with house prices at the microeconomic level [R]. Reserve Bank of New Zealand, 2010.

[172] SUN J, SIM L L. The cyclical association of residential housing price and consumption [J]. Journal of Real Estate Portfolio Management, 2007, 13 (3): 219-248.

[173] TANG K K. The wealth effect of housing on aggregate consumption [J]. Applied Economics Letters, 2006, 13 (3): 189-193.

[174] THALER R H, SHEFRIN H M.An economic theory of self-control [J]. The Journal of Political Economy, 1981, 89 (2): 392-406.

[175] THOMSON M, TANG K K.An empirical assessment of house price adjustments on aggregate consumption [C]. The Australasian Macroeconomics Workshop, 2004.

[176] VIARD A D.How forecastable is consumption growth? New evidence on the Hall random walk hypothesis [J]. Applied Economics, 1997, 29 (11): 1435-1446.

[177] YANG F. Consumption over the life cycle: How different is housing? [J]. Review of Economic Dynamics, 2009, 12 (3): 423-443.

[178] YAO R, Zhang H H. Optimal consumption and portfolio choices with risky housing and borrowing constraints [J]. Review of Financial Studies, 2005, 18 (1): 197-239.

[179] YARRI M.Uncertain lifetime, life insurance and the theory of the consumer [J]. Review of Economic Studies, 1965, 32: 13-50.

附录

附表1　1999—2019年不同国家居民消费率和固定资本形成率

	澳大利亚		法国		德国		日本		韩国		中国	
	居民消费率	固定资本形成率	居民消费率	固定资本形成率	居民消费率	固定资本形成率	居民消费率	固定资本形成率	居民消费率	固定资本形成率	居民消费率	固定资本形成率
1990	0.514	0.183	0.572	0.192			0.553	0.301	0.595	0.360	0.488	0.250
1991	0.528	0.168	0.570	0.190	0.593	0.195	0.547	0.298	0.590	0.375	0.475	0.269
1992	0.525	0.168	0.567	0.183	0.601	0.200	0.554	0.289	0.594	0.358	0.472	0.309
1993	0.513	0.170	0.570	0.173	0.610	0.194	0.558	0.281	0.595	0.362	0.444	0.360
1994	0.509	0.182	0.565	0.173	0.606	0.197	0.580	0.272	0.595	0.376	0.435	0.345
1995	0.511	0.181	0.563	0.172	0.607	0.193	0.579	0.269	0.602	0.391	0.449	0.330
1996	0.507	0.184	0.566	0.171	0.609	0.191	0.577	0.274	0.603	0.395	0.458	0.324
1997	0.510	0.194	0.556	0.169	0.603	0.189	0.573	0.270	0.592	0.367	0.452	0.318

续表

	澳大利亚		法国		德国		日本		韩国		中国	
1998	0.507	0.197	0.558	0.175	0.599	0.193	0.580	0.256	0.549	0.304	0.453	0.330
1999	0.514	0.199	0.558	0.184	0.602	0.198	0.588	0.255	0.555	0.298	0.460	0.335
2000	0.514	0.196	0.557	0.190	0.596	0.197	0.578	0.251	0.557	0.308	0.464	0.343
2001	0.515	0.185	0.560	0.190	0.595	0.188	0.585	0.245	0.566	0.297	0.453	0.346
2002	0.518	0.204	0.566	0.185	0.592	0.177	0.590	0.232	0.575	0.297	0.440	0.362
2003	0.521	0.215	0.570	0.187	0.595	0.175	0.583	0.229	0.557	0.302	0.422	0.392
2004	0.531	0.222	0.566	0.189	0.591	0.173	0.576	0.224	0.535	0.294	0.405	0.405
2005	0.530	0.235	0.569	0.193	0.588	0.173	0.578	0.223	0.538	0.289	0.389	0.396
2006	0.536	0.240	0.568	0.196	0.575	0.180	0.574	0.223	0.536	0.284	0.371	0.395
2007	0.541	0.250	0.568	0.204	0.556	0.183	0.567	0.219	0.535	0.281	0.361	0.390
2008	0.538	0.263	0.570	0.205	0.554	0.183	0.568	0.212	0.530	0.270	0.353	0.405
2009	0.534	0.255	0.590	0.189	0.585	0.171	0.597	0.201	0.528	0.266	0.354	0.449
2010	0.539	0.259	0.589	0.188	0.569	0.174	0.586	0.191	0.519	0.265	0.349	0.456
2011	0.542	0.272	0.581	0.190	0.563	0.179	0.591	0.195	0.512	0.253	0.357	0.456
2012	0.536	0.285	0.579	0.188	0.563	0.174	0.594	0.199	0.511	0.243	0.360	0.457
2013	0.274	0.183	0.173	0.201	0.246	0.461	0.274	0.183	0.173	0.201	0.246	0.461
2014	0.264	0.218	0.200	0.251	0.290	0.456	0.264	0.218	0.200	0.251	0.290	0.456
2015	0.258	0.215	0.200	0.250	0.290	0.430	0.258	0.215	0.200	0.250	0.290	0.430
2016	0.245	0.218	0.203	0.248	0.297	0.427	0.245	0.218	0.203	0.248	0.297	0.427
2017	0.242	0.225	0.204	0.250	0.315	0.432	0.242	0.225	0.204	0.250	0.315	0.432
2018	0.240	0.229	0.211	0.253	0.304	0.44	0.240	0.229	0.211	0.253	0.304	0.44
2019	0.227	0.235	0.214	0.255	0.301	0.431	0.227	0.235	0.214	0.255	0.301	0.431

数据来源：中经网数据库经整理得到。

附表2　　1978—2019年我国消费总额、GDP及消费率

时间	支出法生产总值（亿元）	最终消费（亿元）	居民消费（亿元）	农村居民消费（亿元）	城镇居民消费（亿元）	政府消费（亿元）	最终消费率（%）
1978	3 605.6	2 233.6	1 759.1	1 092.4	666.7	474.5	61.9
1979	4 047.3	2 579	2 014	1 254.6	759.3	565	63.7
1980	4 540.5	2 967.7	2 336.9	1 414.9	922	630.8	65.4
1981	4 921.6	3 278.2	2 627.5	1 610.4	1 017.2	650.7	66.6
1982	5 386.3	3 576.8	2 867.1	1 817.4	1 049.7	709.7	66.4
1983	6 034.2	4 061.2	3 220.9	2 024.4	1 196.5	840.3	67.3
1984	7 290.1	4 786.6	3 689.5	2 251.2	1 438.4	1 097.1	65.7
1985	9 108.1	5 920.8	4 627.4	2 786.7	1 840.7	1 293.3	65
1986	10 390.3	6 730.8	5 293.5	3 113	2 180.5	1 437.3	64.8
1987	12 198	7 643.5	6 047.6	3 471.5	2 576.1	1 595.9	62.7
1988	15 210.5	9 429.4	7 532.1	4 151.6	3 380.5	1 897.2	62
1989	17 250.5	11 043.7	8 778	4 864.9	3 913.1	2 265.7	64
1990	18 969.3	12 012.4	9 435	5 240.9	4 194.2	2 577.4	63.3
1991	21 997.2	13 625.6	10 544.5	5 573.5	4 971	3 081.1	61.9
1992	27 140.3	16 239.3	12 312.2	5 946.7	6 365.6	3 927.1	59.8
1993	35 576	20 814.9	15 694.9	7 000.7	8 694.1	5 120.1	58.5
1994	48 410.3	28 296.8	21 443.2	9 172.3	12 270.9	6 853.6	58.5
1995	61 050.4	36 228.7	28 065.6	11 537.7	16 527.9	8 163.2	59.3
1996	71 541.5	43 122.3	33 644.1	14 155	19 489.1	9 478.1	60.3
1997	79 415.8	47 548.7	36 585.8	14 961	21 624.9	10 962.9	59.9
1998	84 790.8	51 501.8	38 768.5	14 874.8	23 893.7	12 733.3	60.7
1999	90 095.1	56 667.3	41 845.8	14 810.6	27 035.3	14 821.5	62.9

续表

时间	支出法生产总值（亿元）	最终消费（亿元）	居民消费（亿元）	农村居民消费（亿元）	城镇居民消费（亿元）	政府消费（亿元）	最终消费率（%）
2000	99 799	63 748.9	46 863.3	15 611.8	31 251.4	16 885.6	63.9
2001	110 388.4	68 661.1	50 464.7	16 297.5	34 167.2	18 196.5	62.2
2002	121 326.7	74 227.5	54 667	17 016.7	37 650.3	19 560.5	61.2
2003	137 146.7	79 735	58 689.9	17 775	40 914.9	21 045.1	58.1
2004	161 355.6	89 394.4	65 724.8	19 232.6	46 492.2	23 669.7	55.4
2005	187 657.5	101 872.5	74 153.7	20 912	53 241.7	27 718.8	54.3
2006	219 597.5	115 364.3	82 842.4	22 639.6	60 202.8	32 521.9	52.5
2007	270 499.4	137 737.1	98 231.3	25 588.5	72 642.8	39 505.8	50.9
2008	318 067.6	158 899.2	112 654.7	28 240.7	84 413.9	46 244.5	50
2009	347 650.3	174 538.6	123 121.9	29 924.2	93 197.7	51 416.7	50.2
2010	408 505.4	201 581.4	141 465.5	32 527.1	108 938.4	60 115.9	49.3
2011	484 109.3	244 747.3	170 390.8	38 835.6	131 555.2	74 356.5	50.6
2012	539 039.9	275 443.9	190 584.8	42 311.6	148 273.2	84 859.1	51.1
2013	596 344.5	306 663.7	212 477.3	46 587.8	165 889.5	94 186.4	51.4
2014	646 548	338 031.2	236 238.5	51 499.7	184 738.8	101 792.7	52.3
2015	692 093.7	371 920.7	260 202.4	56 422.9	203 779.6	111 718.2	53.7
2016	745 980.5	410 806.4	288 668.2	61 708	226 960.2	122 138.3	55.1
2017	828 982.8	456 518.2	320 689.5	68 606.2	252 083.3	135 828.7	55.1
2018	915 774.3	506 134.9	354 124.4	76 759.1	277 365.3	152 010.6	55.3
2019	990 708.4	552 631.7	387 188.1	82 057.4	305 130.7	165 443.6	55.8

数据来源：消费总额、GDP数据均来自于国家统计局网站。消费率为消费总额与GDP的比重。

附表3 1989-2019年我国城镇家庭恩格尔系数和农村家庭恩格尔系数

指标	城镇家庭恩格尔系数（%）	农村家庭恩格尔系数（%）	指标	城镇家庭恩格尔系数（%）	农村家庭恩格尔系数（%）
1989	54.5	54.81	2005	36.7	45.5
1990	54.24	58.8	2006	35.8	43
1991	53.8	57.6	2007	36.29	43.1
1992	53.04	57.6	2008	37.89	43.67
1993	50.32	58.1	2009	36.52	40.97
1994	50.04	58.9	2010	35.7	41.09
1995	50.09	58.6	2011	36.3	40.36
1996	48.76	56.3	2012	32	35.9
1997	46.6	55.1	2013	30.1	34.1
1998	44.66	53.4	2014	30	33.6
1999	42.07	52.6	2015	29.7	33
2000	39.44	49.1	2016	29.3	32.2
2001	38.2	47.7	2017	28.6	31.2
2002	37.68	46.2	2018	27.7	30.1
2003	37.1	45.6	2019	27.6	30
2004	37.7	47.2			

数据来源：国家统计局网站。

附表4 我国城乡消费率和消费增长率的历年比较

年份	农村消费水平（元）	城市消费水平（元）	农村消费增长率（%）	城市消费增长率（%）	年份	农村消费水平（元）	城市消费水平（元）	农村消费增长率（%）	城市消费增长率（%）
1953	72	188	10.77	22.08	1987	421	998	11.38	14.45
1954	73	191	1.39	1.6	1988	509	1 311	20.9	31.36
1955	80	198	9.59	3.66	1989	549	1 466	7.86	11.82
1956	81	212	1.25	7.07	1990	560	1 596	2	8.87
1957	82	222	1.23	4.72	1991	602	1 840	7.5	15.29
1958	86	212	4.88	-4.5	1992	688	2 262	14.29	22.93
1959	70	224	-18.6	5.66	1993	805	2 924	17.01	29.27
1960	73	236	4.29	5.36	1994	1 038	3 852	28.94	31.74
1961	87	248	19.18	5.08	1995	1 313	4 931	26.49	28.01
1962	93	248	6.9	0	1996	1 626	5 532	23.84	12.19
1963	94	240	1.08	-3.23	1997	1 722	5 823	5.9	5.26
1964	99	253	5.32	5.42	1998	1 730	6 109	0.46	4.91
1965	104	259	5.05	2.37	1999	1 766	6 405	2.08	4.85
1966	111	262	6.73	1.16	2000	1 860	6 850	5.32	6.95
1967	115	268	3.6	2.29	2001	1 969	7 161	5.86	4.54
1968	111	266	-3.48	-0.75	2002	2 062	7 486	4.72	4.54
1969	113	272	1.8	2.26	2003	2 103	8 060	1.99	7.67
1970	119	281	5.31	3.31	2004	2 319	8 912	10.27	10.57
1971	121	287	1.68	2.14	2005	2 657	9 593	14.58	7.64
1972	121	315	0	9.76	2006	2 950	10 618	11.03	10.68
1973	128	325	5.79	3.17	2007	3 347	12 130	13.46	14.24
1974	128	334	0	2.77	2008	3 901	13 653	16.55	12.56

续表

年份	农村消费水平（元）	城市消费水平（元）	农村消费增长率（%）	城市消费增长率（%）	年份	农村消费水平（元）	城市消费水平（元）	农村消费增长率（%）	城市消费增长率（%）
1975	130	349	1.56	4.49	2009	4 163	14 904	6.72	9.16
1976	131	365	0.77	4.58	2010	4 700	16 546	12.9	11.02
1977	130	390	-0.76	6.85	2011	5 870	19 108	24.89	15.48
1978	138	405	6.15	3.85	2012	6 515	21 120	10.99	10.53
1979	159	425	15.22	4.94	2013	7 397	22 620	13.54	7.10
1980	178	489	11.95	15.06	2014	8 365	24 430	13.09	8.00
1981	201	521	12.92	6.54	2015	9 409	26 119	12.48	6.91
1982	223	536	10.95	2.88	2016	10 609	28 154	12.75	7.79
1983	250	558	12.11	4.1	2017	12 145	30 323	14.48	7.70
1984	287	618	14.8	10.75	2018	13 985	32 483	15.15	7.12
1985	349	765	21.6	23.79	2019	15 382	34 900	9.99	7.44
1986	378	872	8.31	13.99					

附表5　**1990—2019年我国农村和城镇家庭支出的构成比重**　（单位：%）

指标	农村家庭平均每人食品支出占总支出的比重	农村家庭平均每人衣着支出占总支出的比重	农村家庭平均每人居住支出占总支出的比重	农村家庭平均每人家庭设备用品及服务支出占总支出的比重	农村家庭平均每人交通通信支出占总支出比重	农村家庭平均每人文教娱乐用品及服务支出占总支出的比重	农村家庭平均每人其他商品及服务支出占总支出的比重	农村家庭平均每人医疗保健支出占总支出的比重
1990	58.8	7.77	17.34	5.29	1.44	5.37	0.74	3.25
1995	58.62	6.85	13.91	5.23	2.58	7.81	1.76	3.24
1999	52.56	5.83	14.75	5.22	4.36	10.67	2.18	4.44
2000	49.13	5.75	15.47	4.52	5.58	11.18	3.14	5.24

续表

指标	农村家庭平均每人食品支出占总支出的比重	农村家庭平均每人衣着支出占总支出的比重	农村家庭平均每人居住支出占总支出的比重	农村家庭平均每人家庭设备用品及服务支出占总支出的比重	农村家庭平均每人交通通信支出占总支出比重	农村家庭平均每人文教娱乐用品及服务支出占总支出的比重	农村家庭平均每人其他商品及服务支出占总支出的比重	农村家庭平均每人医疗保健支出占总支出的比重
2001	47.71	5.67	16.03	4.42	6.32	11.06	3.24	5.55
2002	46.25	5.72	16.36	4.38	7.01	11.47	3.14	5.67
2003	45.59	5.67	15.87	4.2	8.36	12.13	2.21	5.96
2004	47.23	5.5	14.84	4.08	8.82	11.33	2.21	5.98
2005	45.48	5.81	14.49	4.36	9.59	11.56	2.13	6.58
2006	43.02	5.94	16.58	4.47	10.21	10.79	2.23	6.77
2007	43.08	6	17.8	4.63	10.19	9.48	2.3	6.52
2008	43.67	5.79	18.54	4.75	9.84	8.59	2.09	6.72
2009	40.97	5.82	20.16	5.13	10.09	8.53	2.11	7.2
2010	41.09	6.03	19.06	5.34	10.52	8.37	2.15	7.44
2011	40.4	6.5	18.4	5.9	10.5	7.6	2.3	8.4
2012	35.92	6.19	20.71	6.00	10.75	10.15	8.40	1.86
2013	34.12	6.07	21.11	6.08	11.69	10.09	8.92	1.92
2014	33.57	6.08	21.03	6.04	12.08	10.26	8.99	1.94
2015	33.05	5.96	20.88	5.92	12.61	10.51	9.17	1.89
2016	32.24	5.68	21.19	5.88	13.43	10.56	9.17	1.84
2017	31.17	5.59	21.49	5.79	13.77	10.69	9.67	1.83
2018	30.07	5.34	21.95	5.94	13.94	10.74	10.23	1.80
2019	30.00	5.35	21.54	5.73	13.78	11.12	10.66	1.81

续表

指标	城镇家庭平均每人全年食品消费性支出构成（%）	城镇家庭平均每人全年衣着消费性支出构成（%）	城镇家庭平均每人全年居住消费性支出构成（%）	城镇家庭平均每人全年家庭设备用品及服务消费性支出构成（%）	城镇家庭平均每人全年交通通信消费性支出构成（%）	城镇家庭平均每人全年教育文化娱乐服务消费性支出构成（%）	城镇家庭平均每人全年杂项商品与服务消费性支出构成（%）	城镇家庭平均每人全年医疗保健消费性支出构成（%）
1990	54.25	13.36	4.76	8.48	3.17	8.78	5.21	2.01
1995	50.09	13.55	8.02	7.44	5.18	9.36	3.25	3.11
1999	41.86	10.45	9.84	8.57	6.73	12.28	4.96	5.32
2000	39.44	10.01	11.31	7.49	8.54	13.4	3.44	6.36
2001	38.2	10.05	11.5	7.09	9.3	13.88	3.51	6.47
2002	37.68	9.8	10.35	6.45	10.38	14.96	3.25	7.13
2003	37.12	9.79	10.74	6.3	11.08	14.35	3.3	7.31
2004	37.73	9.56	10.21	5.67	11.75	14.38	3.34	7.35
2005	36.69	10.08	10.18	5.62	12.55	13.82	3.5	7.56
2006	35.78	10.37	10.4	5.73	13.19	13.83	3.56	7.14
2007	36.29	10.42	9.83	6.02	13.58	13.29	3.58	6.99
2008	37.89	10.37	10.19	6.15	12.6	12.08	3.72	6.99
2009	36.52	10.47	10.02	6.42	13.72	12.01	3.87	6.98
2010	35.67	10.72	9.89	6.74	14.73	12.08	3.71	6.47
2011	36.32	11.05	9.27	6.75	14.18	12.21	3.83	6.39
2012	31.99	8.97	20.52	6.20	12.50	10.58	6.42	2.80
2013	30.13	8.41	23.26	6.11	12.54	10.75	6.14	2.65
2014	30.05	8.15	22.49	6.17	13.21	10.73	6.54	2.67
2015	29.73	7.95	22.09	6.11	13.53	11.14	6.75	2.70
2016	29.30	7.53	22.16	6.18	13.75	11.43	7.07	2.58
2017	28.64	7.19	22.76	6.24	13.59	11.65	7.27	2.67
2018	27.72	6.92	23.95	6.24	13.30	11.39	7.84	2.63
2019	27.56	6.53	24.16	6.02	13.08	11.86	8.14	2.66

索引